杏坛追梦
课程初识

汪　瀛／著

课程研发方面的研究成果

教育教学理论与实践成果

光明日报出版社

图书在版编目（CIP）数据

杏坛追梦·课程初识 / 汪瀛著. -- 北京：光明日
报出版社，2019.3

ISBN 978 - 7 - 5194 - 5013 - 7

Ⅰ.①杏… Ⅱ.①汪… Ⅲ.①中学历史课—教学研究
—文集 Ⅳ.①G633.512-53

中国版本图书馆 CIP 数据核字（2019）第 040270 号

杏坛追梦·课程初识

XINGTAN ZHUIMENG · KECHENG CHUSHI

著　　者：汪　瀛

责任编辑：曹美娜　朱　然　　　　　　责任校对：赵鸣鸣

封面设计：中联学林　　　　　　　　　责任印制：曹　净

出版发行：光明日报出版社

地　　址：北京市西城区永安路 106 号，100050

电　　话：010 - 63131930（邮购）

传　　真：010 - 63131930

网　　址：http://book.gmw.cn

E - mail：caomeina@gmw.cn

法律顾问：北京德恒律师事务所龚柳方律师

印　　刷：三河市华东印刷有限公司

装　　订：三河市华东印刷有限公司

本书如有破损、缺页、装订错误，请与本社联系调换，电话：010 - 67019571

开　　本：170mm×240mm

字　　数：230 千字　　　　　　　　　印　　张：15

版　　次：2019 年 6 月第 1 版　　　　印　　次：2019 年 6 月第 1 次印刷

书　　号：ISBN 978 - 7 - 5194 - 5085 - 4

定　　价：58.00 元

课程既是古老的，也是维新的；既是过去的，也是现代的；既是静态的，也是动态的；既是统一的，也是个性的；既是学者、专家的，也是教师、学生的。

　　教师既是教学的执行者，也是课程的创造者与开发者。一位优秀教师，既是某一学科的"优秀课程"，也是某一学科的"优秀教材"。从某种意义说，一个教师的成长历程，就是某些课程的开发历程。

　　课程开发，并不像一些人想象得那么难，因为它无处不在、无时不在，关键看你是否拥有一颗教育之心和一双发现它的慧眼。当然，它也不像一些人想象得那么容易，因为它需要我们长期不懈地观察、发现、思索、积淀和实践。天下之事"为之则易，不为之则难"，课程开发亦然。

　　从某种意义说，课程开发是培养教师、促进教师的专业终身发展的有效途径之一。特别是校本课程的开发和实施，使教师不仅成为课程的实施者，而且成为课程的设计者、课程标准的制定者、教材的编制者。教师要开发校本课程，就必须不断努力认识教育与教学、研究课程与学生、探索学科与社会，从而提升教师课程开发与整合能力，促进教师的专业发展，有利于培养教师"以生为本"的发展观念，有利于培养教师的合作精神，有利于促进师生关系的良性发展。校本课程的开发必须做到知行合一、行思并进、学思并重。

序

人总是有梦想的。

人的梦想会因人而异。因为，每个人的生活、学习、工作的环境不同，其梦想也自然存在差异。这或许就是我们常说的，环境造就人生吧。

人的梦想也因人的成长发展变化而变化。人们的儿时梦想，与成人之后的梦想，可能存在巨大差异，甚至完全相反。说得好听一些，这是与时俱进；说得难听一些，这是见异思迁。

我虽平凡，但也有属于自己的梦想。

我的儿时的梦想是什么？说来惭愧，我现在已无法追忆出来。我想，即便能追忆出来，也没有什么光耀的色彩。我敢肯定，它不如同时代的城镇儿童所说的，长大了要当科学家、解放军、工人、干部、白衣天使……因本人身居乡野山村，眼光所及，无非就是长辈们的农田劳作、五谷杂粮、山川河塘；更不会像当今所追求的明星梦、高官梦、老板梦、发财梦、出国梦……

我不怕读者们笑话，至今我能追忆出的第一个梦想，竟然是立足农村学一门手艺，有能力养家糊口和给父母养老送终。因为

1974 年初中毕业失学之后的我，已成为家庭主要劳动力。当时，家里姊妹众多，父母身体不佳，又无任何优质社会资源，我只能面对现实确定自己的梦想。实话实说，当时若能达成这一梦想，我是心满意足的！

高考制度恢复之后，我开始有了新的梦想——考一个中专，跳出农门，使自己成为一名光荣的国家工人。或许造化弄人，因种种因素制约，我这一梦想也没有变成现实。

人生际遇，有时确实不以自己的意志为转移。我虽然没有考上中专，由于坚持自学，1980 年的高考成绩竟然上了湖南省本科录取线。后来，本人被当时的衡阳师范专科学校录取。对于这个结果，我仍然高兴莫名，因为我有机会成为一位光荣的人民教师。

既然，我未来的职业是当时社会大力讴歌的"人类灵魂的工程师"，我的梦想就力争做一个深受学生欢迎和爱戴的历史教师，力争不误人子弟，且为实现这个梦想奋斗至今而没有丝毫改变。实事求是地说，教师作为一种社会职业，在当时其社会地位并不怎样，经济收入平平，但对于一个农民出身、胸无大志的我来说，能做一个光荣的人民教师，已经是三生有幸了！

做教师，特别是做一名历史教师，这在社会上不少人看来，似乎并不太难，甚至觉得比较容易。上历史课，不就是给学生讲讲历史故事，然后要学生将相关历史知识背诵下来就行了，保准学生能考个好成绩。其实，持这一想法的人，并不真正了解教师的工作，不了解我们历史教师的教育教学工作，不了解历史教学与历史高考的要求。

在这个世界上，不论做什么工作，若抱着得过且过，"做一天和尚撞一天钟"的态度去做，可以说都不太难。做教师，做一位深受学生欢迎且真正促进学生全面发展的教师还确实不易。当今社会，我们每个人都做过学生，试回想一下，真正深受你欢迎，又促进你快速成长的教师可能不会太多。因为回想自己做学生时，耳闻目睹了不少学生背地里如何议论自己的老师，有些评价至今还历历在目。也许正因为如此，在我看来，自己要真正实现"做一个深受学生欢迎，不误人子弟的教师"的梦想，绝非易事。因为，我凭什么让自己深受学生欢迎？我凭什么做到不误人子弟？

根据我对教育的肤浅理解，要想让自己深受学生欢迎，要想不误人子弟，除了良好的工作态度：尊重学生、热爱学生、关心学生之外，自己必须在历史学识、教育理论、课程建设、教学方法、学法指导、应试技巧、考试命题、课题研究等方面拥有扎实的功底，并与时俱进，通过学习与研究来不断提升自己，似乎除此再无他法。

教师专业化发展是一个终身要求。当今社会是一个飞速发展的社会，知识更新的速度不断加快。曾有教师感慨，教育教学是一个永远说不完的话题，教育教学的完善永无止境。因为，教师的教育教学过程，既是教育和培养学生的过程，也是自己不断学习的过程，教师必须将终身学习的理念贯穿自己的一生，不断完善自己的专业知识、提高专业能力，不断汲取本领域和相关领域的知识、最新的科研成果，提高自己的科研能力，使自己跟上时代发展的步伐，并在教育教学过程中，形成自己的特色。

当今教育不仅要完成党和国家、人民的重托，还要承载社会各界和家长的期望。随着人们对教育期望的不断提高，对教师的期望也越来越高，对教师的素质要求也越来越高。现代教师不仅要有广阔的知识视野，良好的道德修养、健康的心理素质，还要有开拓的创新精神、精湛的教育教学艺术等。因此，作为一名现代教师，必须更新自身观念，将专业发展的需要变成自己的内在需求，变"被动发展"为"主动发展"。教师不仅要成为终身学习者，为学生树立良好的榜样，还要立志成为一名研究者，研究如何促进自我发展和自我实现，做学习型、研究型教师。

如何做一名学习型、研究型教师？我以为，作为一名历史教师，在新课程背景下，教师应以学习与研究历史为基础，根据国家的教育方针、课程规划、课程标准、所在学校的办学理念和学生的实际需要，学会开发出具有自身特点的校本课程。

我对课程的研发，始于20世纪90年代。当时，本人曾有幸参与过岳麓版初中历史教材和初高中历史教参的编撰工作。从2010年开始，我曾有幸二度被教育部聘请为"国家基础教育课程教材专家工作委员会"委员，参与了《义务教育历史课程标准(2011年版)》和依据该标准编写的九套教材的修改与审定工作，也参与了《普通高中历史课程标准（2017年版)》的修改与审定工作。

在课程研发方面，我曾撰写过《义务教育历史课程标准(2011年版)解读》《中学历史校本课程开发理论与实践》《艺术风流人物》，主编过"株洲市四中特色学校建设丛书"（共8册）和《艺术教育与幸福人生》。《杏坛追梦·课程初识》一书，收录了本人从教以来有关课程研发方面的研究成果 14 篇，一部《政治风流人物》校本课程。内容主要涉及课程开发理论、策略、原则、方案，课程资源开发和历史校本课程实例。凡理论性探讨文章，半数以上已在不同刊物上发表，也有部分是通过"汪瀛的博客"发表的，或在一定范围做过学术交流。但因种种原因，还有部分文章是第一次公开与读者见面。书中的"校本课程初探"部分，是本人编撰的在株洲市第四中学使用多年的校本课程。

不过，这里也需要说明一点：就今天发表与出版规范而言，《杏坛追梦·课程初识》中的有些文章，特别是历史"校本课程"编撰使用的参考材料、引文和注释，存在明显欠缺。但一因时间久远，二因编撰历史校本课程为学校自用，故当时没有标注参考书籍或文章，现已无法补救，只能维持原样。若由此而带来谬误，或没有彰显原作者的研究成果，本人特在此深表歉意，敬请原作者和广大读者谅解！

汪　瀛

2018 年 5 月 26 日于株洲市第四中学

目　录
CONTENTS

课程构想 ┈┈┈┈┈┈┈┈┈┈┈┈┈┈┈┈┈┈┈┈┈┈┈┈┈┈┈┈ **1**

巩固深化新课改理念进一步引导人才培养模式变革

　　——2011 年《全日制义务教育历史课程标准》撷拾　3

2011 年《全日制义务教育历史课程标准》修订中的几个问题　11

关于 2011 年《义务教育历史课程标准》坚持唯物史观的一些
　思考　22

理性应对新课程改革　29

高中历史校本课程开发思考与实践　32

历史教材的误读

　　——以人教版初中历史教材"抗战史"为例　46

新课程改革趋势与问题　57

城乡结合部普通高中艺术教育特色可持续发展实践研究　61

艺术教育特色学校建设校本课程的研发　63

资源开发 ┈┈┈┈┈┈┈┈┈┈┈┈┈┈┈┈┈┈┈┈┈┈┈┈┈┈┈┈ **75**

试论历史图画在教学中的功能　77

历史教材中小字的功能与使用　86

历史作业设计探微　94

中小学历史教学衔接问题　102

高一新生如何学习高中历史　109

校本课程初探 ………………………………………………… **125**

卷首语　127

说明　129

目录　131

第1课　黄　帝　132

第2课　秦始皇　139

第3课　汉武帝　148

第4课　诸葛亮　158

第5课　隋文帝　179

第6课　唐太宗　187

第7课　康熙帝　199

第8课　孙中山　212

01

课程构想

课程是教育教学内容的系统组织。就学校而言，课程为实现培养目标而规定的所有学科的总和；就教师与学生而言，课程是教师指导学生开发各种活动的总和，是儿童在教师指导下获得的所有经验；就教育与社会关系而言，课程是社会文化的再生产，是培养学生的社会改造能力。课程的本质是教育教学内容，是联结教育者和学生的"中介"。

　　教师不仅是国家、地方和学校课程的执行者，也是课程的开发者和建设者。新时代的教师应具有强烈的课程意识和课程开发能力，可依据国家的教育方针、政策、课程规划、课程标准和学校学生的实际，开发出具有学校特色和个性特点的课程，以更好地满足学生全面发展和个性发展的需要，更好地实现国家的教育目标。

　　课程开发与利用，利国、利人、利己，何乐而不为？或许我们无法成为著名的课程专家，但我们可以在课程开发方面成就最好的自己。

巩固深化新课改理念
进一步引导人才培养模式变革①

——2011 年《全日制义务教育历史课程标准》撷拾

　　2011 年 12 月 28 日，修订后的《全日制义务教育历史课程标准》正式颁布。我作为国家基础教育课程教材专家工作委员会成员，虽曾有幸参与过教育部在湖南株洲的调研和课标的最后审定修改工作，但要全面准确解读这部新颁布的历史课程标准，实在有点力不从心之感。因为《全日制义务教育历史课程标准（实验稿)》实施以来，就暴露出不少问题。为此，教育部专门组建了义务教育历史课程标准修订小组，并从 2007 年开始着手调研和修订工作，因此，仅凭短短一篇文章是无法解读其深刻内涵的。

一、巩固与深化新课程改革理念

　　课程理念是课程的灵魂。新课程改革理念源于当今中国社会发展需要，源于对现实教育深刻反思和对未来教育的展望，源于教育

---

① 本文于 2012 年 3 月撰写于株洲市第四中学，曾以学术报告的形式在一些研讨会上交流。

实践经验的升华，是教师课堂生活的新感悟，是教师教学反思后的新变化。

"理论是行动的先导，……课程改革的成功是新教育理念实践的结果。"① 新、旧课程的本质区别是理念的不同。其主要表现在两个方面：一是课程建构的基础——不同的课程观，旧课程观中的课程是文本课程，教师是传授者，因而教师是中心；新课程观认为课程不仅是文本课程，更是体验课程，是教师和学生共同探求新知识的过程，学生获取知识的过程是自我建构的过程。二是课程实施的策略——不同的整合观，旧课程观认为课程与教学是相互分离的，教材意识是第一意识，按教学大纲完成教学计划则是第一要务；新课程观认为课程是由教材、教师与学生、教学情景、教学环境构成的一种生态系统。教必需服务于学，在教学过程中促进学生学习方式的转变才是首要的任务。

课程的价值是多元的，是多种价值的融合，特别是人的发展、经济发展、社会发展的融合。在新课程的价值取向上，对我们影响较大的是马克思关于人的全面发展的学说。可以说"'一切为了每一位学生的发展'是新课程的核心理念。"②

"一切为了每一位学生的发展"，首先要求课程改革要着眼于学生的发展。因此，在如何处理经济发展、社会发展与人的发展的关系上，新课程定位在人的发展上，具体指向以能力和个性为核心的发展。课程改革首先要培养学生的信息收集和整理的能力、发现问题和思考问题的能力、分析问题和解决问题的能力、终生学习和创

① 吴效锋主编．新课程怎样教——教学艺术与实践［M］．辽宁：沈阳出版社，2002：1.
② 朱慕菊主编．走进新课程——与课程实施者对话［M］．北京：北京师范大学出版社，2002：120.

新的能力以及生存和发展的能力；课程改革要培养学生的良好个性品质。其次要求课程改革面向每一位学生，基础教育是国民的奠基工程，面临的任务既要瞄准知识经济的需要培养高素质尖端人才，又要为农业经济、工业经济培养人才和合格的建设者。因此，在新课程实施中，必须面向全体学生，认清每个学生的优势，开发其潜能，培养其特长，使每位学生都具备一技之长，使全体学生各自走上不同的成才之路，成长为不同层次、不同规格的有用人才。最后是关注学生全面、和谐的发展，学生是一个完整的人，不能把学生仅仅看成是知识的"容器"。素质教育所关心的是整个人，而不只是作为"产品"的人，是富有创造性的生活，而不只是物质生产的生活。学生的发展不是某一方面的发展，而是全面、和谐发展。新课程提出了知识与技能、过程与方法和情感、态度、价值观三个维度的教学目标，达到了知识习得、思维训练、人格健全的协同，实现了在促进人的发展目标上的融合。

2011 年《全日制义务教育历史课程标准》，坚持以《基础教育课程改革纲要（试行）》为指导，全面总结了《全日制义务教育历史课程标准（实验稿）》实施以来经验教训，坚定遵循和落实《基础教育课程改革纲要（试行）》中提出的课程改革的基本思路，尤其是注重改变课程过于注重知识传授的倾向，使历史教学更有利于学生的全面发展；进一步改变和避免课程内容"难、繁、偏、旧"的情况，精选对学生终身学习必备的基础历史知识和学习技能；在课程设计上突出学生的主体地位，注重培养学生搜集和处理信息的能力、获取新知识的能力、分析和解决问题的能力以及交流与合作的能力。力求弥补和解决新课改实验中出现的问题，巩固新课改的成果，使其更符合新一轮课程改革的理念，更有利于新课改的实施，更要有助于新课改的持续发展和深入进行。例如，《全日制义务教育历史课程标准》在"课程基本理念"上明确提出："充分体现育人为本的教育理念，发挥历史学科的教育功能，以培养和提高学生的历史素养为宗旨，引导学生正确地考察人类历史的发展进程，逐步学会全面、客观地认识历史问题。""以普及历史常识为基础，使学生掌握中外历史的基本知识，初步具备学习历史的基本方法和基本技能，促进学生的全面发展。"并提出"将正确的价值判断融入对历史的叙述和评判中，使学生通过历史学习，增强对祖国和人类的责任感，逐步确立为中国特色社会主义事业、人类的和平与发展做贡献的人生理想。""鼓励自主、合作、探究式学习，倡导教师教学方式和教学评价方式的创新，使全体学生都得到发展。"在"课程设计思路"上明确指出：内容标准是对学习内容和基本目标提出的"是学生必须掌握的历史基础知识及必须经历的历史思维训练过程；教学活动建议旨在倡导多样的教学方式，促进学生更积极、主动地对历史进行感知、理解和探究，教师可在具体实施中酌情处理，因材施教。"同时强调"本标准设计的课程内容留有余地，以增强历史课程的开放性和弹性，一方面为教材编写留下一定的空间，另一方面也为各地区进行乡土历史的教学提供便利，各地区可根据实际情况开发课程资源。"我相信，《全日制义务教育历史课程标准》对继续推进新一轮课程改革将起到更为积极的作用。

二、进一步引导人才培养模式的变革

"人才培养模式"是指在一定的现代教育理论、教育思想指导下，按照特定的培养目标和人才规格，以相对稳定的教学内容和课程体系，管理制度和评估方式，实施人才教育的过程的总和。它具体可以包括四层含义：培养目标和规格；为实现一定的培养目标和规格的整个教育过程；为实现这一过程的一整套管理和评估制度；

与之相匹配的科学的教学方式、方法和手段。2010 年颁布的《国家中长期人才发展规划纲要（2010－2020 年）》明确提出："到 2020 年，我国人才发展的总体目标是：培养和造就规模宏大、结构优化、布局合理、素质优良的人才队伍，确立国家人才竞争比较优势，进入世界人才强国行列，为在本世纪中叶基本实现社会主义现代化奠定人才基础"。为进一步引导基础教育人才模式的变革，2011 年《全日制义务教育历史课程标准》做了以下几个方面的努力：

第一，注重从学生的年龄特征出发，遵循教育心理发展规律，循序渐进地加强对学生能力的培养。

"知识与技能"，2011 年《全日制义务教育历史课程标准》在《全日制义务教育历史课程标准（实验稿）》的基础上，对能力目标进行了较大的调整，如要求学生在"知道重要的历史事件、历史人物及历史现象，知道人类文明的主要成果，初步掌握历史发展的基本线索。""了解历史的时序，初步学会在具体的时空条件下对历史事物进行考察，从历史发展的进程中认识历史人物、历史事件的地位和作用。""了解多种历史呈现方式，包括文献材料、图片、图表、实物、遗址、遗迹、影像、口述以及历史文学作品等，提高历史的阅读能力和观察能力，形成符合当时历史条件的一定的历史想象。""初步学会从多种渠道获取历史信息，了解以历史材料为依据来解释历史的重要性；初步形成重证据的历史意识和处理历史信息的能力，逐步提高对历史的理解能力，初步学会分析和解决历史问题。""学会用口头、书面等方式陈述历史，提高表达与交流的能力。"同时，在内容标准中，以教学活动建议的方式，加强对学生研究性学习能力的开发。他表明，《全日制义务教育历史课程标准》在培养学生能力目标方面的要求表述得更为全面和准确，更有鲜明的层次性，更切合初中学生的实际。

表现在"过程与方法"上，2011年《全日制义务教育历史课程标准》改变了《全日制义务教育历史课程标准（实验稿）》中的模糊叙述，增强了对学习方法的具体表述。如"逐步掌握学习历史的一些基本方法，包括计算历史年代的方法、阅读教科书及有关历史读物的方法、识别和运用历史地图和图表的方法、查找和收集历史信息的途径和方法、运用材料具体分析历史问题的方法等。""初步掌握解释历史问题的方法，力求在表达自己的见解时能够言而有据，推论得当；学会与教师、同学共同对历史问题进行探究与讨论，能够积极汲取他人的正确见解，善于与他人合作，交流学习心得和经验。"同时，《全日制义务教育历史课程标准》注重为学生的自主学习、合作学习和探究学习提供必要的条件。如在课程内容的整体设计上，本着删繁就简的精神，突出重点，降低难度，力图进一步减少内容的枝蔓，以减轻学生不必要的学习负担，从而为学生的自主学习、合作学习和探究学习提供更多的时间和空间，创造更多的条件。在教学活动建议中设计了学生自主学习、合作学习和探究学习的活动，能够使学生更积极主动地投入到学习中。

第二，注重培养学生的社会意识和社会责任感。

2011年《全日制义务教育历史课程标准》力图使历史课程更加贴近社会，贴近生活，贴近学生，并注重使学生通过历史学习，增强社会意识和社会责任感。如，在"前言"部分依据"当今世界正在发生广泛而深刻的变化，当代中国正在发生广泛而深刻的变革。全面建设小康社会，加快推进社会主义现代化是时代赋予中国人民的崇高使命"这一现实背景，明确提出："使学生了解和认识人类社会的发展历程，更好地认识当代中国和当今世界。学生通过历史课程的学习，初步学会从历史的角度观察和思考社会与人生，从历史中汲取智慧，逐步树立正确的世界观、人生观和价值观，提高综合素质，得到全面发展。"在"情感态度与价值观"的目标中提出"从历史的角度认识中国的具体国情，认同中华民族的优秀文化传统，尊重和热爱祖国的历史和文化；认识统一的多民族国家和中华民族多元一体，认识在漫长的历史进程中，我国各族人民密切交往、相互依存、休戚与共，形成了中华民族多元一体的格局，共同推动了国家发展和社会进步，增强民族自信心和自豪感。""感悟近现代中国人民为救亡图存和实现中华民族伟大复兴而进行的英勇奋斗和艰苦探索，认识中国共产党在中国革命、建设和改革事业中的决定作用，树立中国特色社会主义理想信念；继承和弘扬以爱国主义为核心的民族精神，认识到国家统一、民族团结和社会稳定是中国强盛的重要保证，初步形成对国家、民族的认同感，增强历史责任感。""了解人类社会历史发展的基本趋势及人类文化的多样性，理解和尊重世界各国、各民族的文化传统，学习汲取人类创造的优秀文明成果；认识和平与发展是当今时代的主题，逐步形成面向世界的视野和意识。""认识人类历史上物质文明、精神文明发展的重要性，理解历史上的革命与改革在不同程度上促进了社会的进步，认识从专制到民主、由人治到法治是历史发展的必然趋势，不断增强社会主义民主与法制意识。""认识科学技术的发展对人类历史进步的推动作用，逐步形成尊重科学、崇尚科学的意识，树立求真、求实和创新的科学态度；从历史的演变中认识合理开发和利用资源、生态环境保护的重要性，初步形成可持续发展的观念。""认识人民群众创造历史的作用以及杰出人物在历史上的重要贡献，吸取前人的经验和智慧，初步理解个人与群体、个人与社会的关系，提高对是与非、善与恶、美与丑的识别判断力，逐步确立积极进取的人生态度，形成健全的人格和健康的个性品质。"等。

第三，关注全体学生的发展，确保个体学生都得到发展，是素质教育和新轮课程改革的重要理念。

　　具体而言，"一是关注每一个学生。……而关注的核心就是尊重学生人格，关心学生发展，激励学生成长。""二是关注学生的情绪和情感。""三是关注学生的道德生活和人格培养。"① 为落实这一精神，这一版《全日制义务教育历史课程标准》在"课程设计思路"中，明确提出："面向全体学生，从培养学生的历史素养和人文素养出发，遵循历史教育规律，充分发挥历史教育功能，使学生掌握中外历史基础知识，初步学会学习历史的方法，提高历史学习能力，逐步形成对历史的正确认识，并提高正确认识现实的能力，达到课程目标的要求。"同时，在内容标准的设计与编排中，充分考虑到所有学生是否能够通过学习达成课程目标的要求。

---

① 吴效锋主编. 新课程怎样教——教学艺术与实践［M］. 辽宁：沈阳出版社，2002：45.

2011 年《全日制义务教育历史课程标准》修订中的几个问题[①]

2011 年《全日制义务教育历史课程标准》来之不易，他既集中了所有参与《全日制义务教育历史课程标准》修订的专家、教授的集体智慧，也充分集中了基层历史教研员、一线历史教师的集体智慧。以己之力，正确解读众多专家、教授、基层历史教研员和一线历史教师的集体智慧，实在不是一件易事。为防止"自己的解读"与《全日制义务教育历史课程标准》的本意不相去太远，也为了能使广大历史教师读后有所收益，本文在撰写过程中特融合了义务教育历史课程标准修订组编撰的《义务教育历史课程标准》（送审报告）中的一些观点或说法。

一、修订原因

1. 修订历史课程标准是适应时代和国家发展的必然要求

1999 年 6 月 15 日至 18 日，第三次全国教育工作会议在北京召开，会议通过了《中共中央、国务院关于深化教育改革全面推进素

---

① 注：本文发表于《中学历史教学参考》2012 年第 3 期。

质教育的决定》，明确提出：要"调整和改革课程体系、结构、内容，建立新的基础教育课程体系"。2001年6月，《国务院关于基础教育改革与发展的决定》进一步明确了"加快构建符合素质教育要求的基础教育课程体系"的任务。与此同时，教育部制定颁布了《基础教育课程改革纲要（试行）》。于是，我国新一轮基础教育课程改革在世纪之交启动。

为落实《中共中央、国务院关于深化教育改革全面推进素质教育的决定》《国务院关于基础教育改革与发展的决定》《基础教育课程改革纲要（试行）》等文献精神，也为应对当今国际竞争对基础教育的压力和世界各国基础教育课程改革浪潮，提升我国基础教育的质量、进一步推动我国素质教育发展。教育部组织相关专家经过充分酝酿和研究，于2001年7月制定颁布了《全日制义务教育历史课程标准（实验稿）》，作为新一轮全日制义务教育历史课程改革的基本依据。

新课程改革历经十多年来，在国务院的直接领导下，教育部精心组织下，由于各级党委、政府，特别是各级教育行政部门高度重视，全体教育工作者积极参与，我国新课程改革朝着预定目标顺利开展，取得了辉煌成就。"完成了教学大纲向课程标准的转换和过渡，反映了由以教师为中心向以学生发展为本的重大转变。各科课程标准都较好地贯彻了课程方案的改革思想，每一个学科标准与以往的教学大纲相比都发生了深刻的变化。特别是在构建三维目标，克服教学内容的繁难偏旧，加强课程与社会生活的联系，尊重教育规律和儿童心理的发展方面，取得了许多突破性进展。"[1] 2010 年 5

---

[1] 王湛. 在国家基础教育课程教材专家工作委员会第一次全体会议上的讲话，2010 – 06 – 23.

月 11 日印发的《教育部关于深化基础教育课程改革进一步推进素质教育的意见》明确指出："基础教育课程改革促进了先进教育理念的传播，带动了基础教育的整体变革，为全面推进素质教育发挥了重要作用，取得了明显成效。"具体就义务教育历史学科来说，《全日制历史课程标准（实验稿）》，与此前教育部制订颁布的《九年义务教育全日制初级中学历史教学大纲》相比，自然有了很大的进步。"体现了课程改革的基本精神，在提高课程理念、推动教材多样化、转变学习方式等方面都起到了很好的引领作用。"①

时代在发展，新课程改革十多年来，世界各国的基础教育课程也在不断变革，不断创新，发生了许多新的变化。特别是一些发达国家为了应对以信息技术为代表的新技术革命的新挑战，应对经济全球化为标志的世界经济社会发展的新格局，应对世界金融危机所带来的一系列新思考，对人才的培养要求和人才的培养方式又有一些新的思路和新的举措。为此，2010 年国务院颁发的《国家中长期教育改革和发展规划纲要（2010—2020 年）》明确提出："到 2020年，基本实现教育现代化，基本形成学习型社会，进入人力资源强国行列"的宏伟目标。要实现这一宏伟目标，就必须深化基础教育改革，加强基础教育课程教材建设，以提高基础教育质量。正如刘延东同志在国家基础教育课程教材专家咨询委员会和专家工作委员会颁发聘书仪式上的讲话中指出："加强课程教材建设，是建设创新型国家和人力资源强国的基础工程。""是全面贯彻党的教育方针和全面推进素质教育的重要保障。""是推进教育现代化和教育公平的重要内容。"

---

① 聂幼犁. 关于全日制义务教育历史课程标准的思考［J］. 中学历史教学参考, 2008（1-2）.

2. 修订历史课程标准是完善《全日制义务教育历史课程标准（实验稿）》的必然要求

《全日制义务教育历史课程标准（实验稿）》于 2001 年颁布，至今已经实验了 10 年。颁布时，称之为"实验稿"，这本身就意味着不是一锤定音，他需要在实施过程中不断修订完善。

实事求是地说，自 2011 年《全日制义务教育历史课程标准（实验稿）》实施以来，确实暴露出不少问题。至于究竟存在哪些问题？因观察思考问题的人的出发点、立场、视角、观点、方法不同，其结论也就大不一样，实在不是一句话就能回答清楚的。如有的专家通过研究《全日制义务教育历史课程标准（实验稿）》实施，认为"确实有必要进一步修订和完善，焦点是：作为国家法规性的指导文件，不仅要强调什么是国家提倡的发展方向和理念，还应就其'法规'的特性，尽可能明确地告诉大家什么是课程的'底线'，即该课程要发展学生哪些方面，什么内容，何种程度为合格，由此提高课程的理性品质和实践效果。"① 也有专家认为"现行《标准》的确较过去的《教学大纲》进步了很多，但这主要是指理念和功能方面的进步。不过，操作性上差，缺乏必需的层次性和可测性，是不争的事实；不能支撑新教育理念的现代性，知识与技能目标内容肤浅，是不争的事实；缺乏学科教育理论坚持，空洞且缺少学科先进的学理研究成果，也是不争的事实。因此，课程目标部分需要改善。应该平衡知识、能力和态度价值观三者的关系，树立现代的人文教育观念，将反省精神纳入其中，同时细化行为和衍生性目标。"② 来自

① 聂幼犁. 关于全日制义务教育历史课程标准的思考［J］. 中学历史教学参考，2008（1 – 2）.
② 赵亚夫. 新课程《历史课程标准》急需解决的几个重要问题［J］. 首都师范大学学报（社会科学版），2006（5）.

一线教研员则认为，"课程标准表述太乱""新课程教学评价制度不适合中国国情""政治史意味浓，文化史有一些，经济史单薄，生活风俗史看不到，这不利于学生从更广的视角去把握和理解民族历史和文化传统。""朝代线索不清晰，有些朝代缺失（如东汉、两晋南北朝、五代十国都未交代）。这对于学生在后续学习和终身发展过程中接受历史知识形成朝代或时间定位的障碍。""朝代治乱兴衰交代不清，汉、唐、明三朝没有衰乱史。衰乱史对于我们建设太平盛世与和谐社会、和谐世界具有反面的启示作用。"① 如此种种，不一列举。

二、修订过程

既然《全日制义务教育历史课程标准（实验稿）》在实施过程中存在问题，那就必须深入调研并妥善修订。为此，教育部专门组建了义务教育历史课程标准修订小组，并从 2007 年开始着手调研和修订工作。从 2011 年 3 月义务教育历史课程标准修订小组提交的《义务教育历史课程标准（送审报告）》来看，他们确实做了大量工作，其主要体现在两个方面：

第一，为减少失误，增强修订的科学性，修订小组在《全日制义务教育历史课程标准（实验稿）》修订前做了大量深入细致调查研究工作。2007 年 5 月至 12 月，教育部课程发展中心向 29 个省市及 42 个国家级实验区发放了问卷调查，修订组本着负责任的精神，直接向各地区索要了意见报告，获得省市报告 19 份及试验区报告 5份。此外，修订组于 2007 年 7 月在天津召开了一线教师座谈会，随

---

① 罗彪扬.关于初中历史课程标准修订的意见——在岳麓书社讨论会上的发言［J］.历史教学，2007（7）.

后又在北京召开了中学教师座谈会，听取教师对《全日制义务教育历史课程标准（实验稿）》的意见及修订建议。修订小组对这些问卷、报告和意见进行了认真分析和研究，将其作为修订《全日制义务教育历史课程标准（实验稿）》重要依据。

第二，修订小组拟定《全日制义务教育历史课程标准》修订初稿，并在一定范围内征求意见，不断修订完善。2008年初，修订小组按中国古代史、中国近现代史和世界史三个部分拟定出修订初稿，然后分别征求专家和中学教师的意见。修订初稿完成后，修订小组又于2008年6月到山西太原和江苏无锡进行调研，召开由教研员和一线教师参加的座谈会，进一步征求意见。同时，又分别召开了中国古代史、中国近现代史和世界史的专家座谈会，请史学专家提出意见。随后，修订小组根据各方面的反馈意见对初稿做了进一步的修改完善。

为确保2011年《全日制义务教育历史课程标准》科学性，2010年下半年，教育部又部署了全日制义务教育各学科《课程标准（修订稿）》新一轮征求意见的调研活动。教育部课程发展中心将《全日制义务教育历史课程标准（修订稿）》发到各地，共收回反馈意见39份，包括各省市的一线教师和教研员等，师范大学课程中心、国家级试验区、农村地区、教材出版社以及课程专家的反馈意见报告。

在这次教育部部署的大规模的《课程标准（修订稿）》征求意见调研活动中，本人所在的湖南省株洲市有幸成为这次教育部部署的全日制义务教育各学科《课程标准（修订稿）》的调研对象。就《全日制义务教育历史课程标准（修订稿）》调研而言，领衔专家是株洲市历史教研员张建军先生，并邀请了部分特级教师、教务主任、历史学科带头人、校长组建了《全日制义务教育历史课程标准（修订稿)》研读小组，经过认真研读和三次集中讨论，形成了《义务教育历史课程标准（修订稿）研读意见》，既充分肯定了其成功之处，也就存在的相关问题提出了修订建议。

这次教育部部署的《全日制义务教育历史课程标准（修订稿)》征求意见活动所获得的反馈意见报告，来自全国各地，具有广泛的代表性和真实性。因此，修订小组对这些报告进行了仔细研究，并在此基础上，根据教育部的要求，于 2010 年底至 2011 年 2 月再次对《全日制义务教育历史课程标准（修订稿)》进行了全面的修改。

但《全日制义务教育历史课程标准（修订稿)》的修订完善工作并没有至此结束。2011 年 3 月 26 日至 4 月 7 日，修订小组将不断完善了的《全日制义务教育历史课程标准（送审稿)》呈送给国家基础教育课程教材专家工作委员会审议，再根据专家组的审议意见进行修订、反馈，最后国家基础教育课程教材专家工作委员会对《全日制义务教育历史课程标准（送审稿)》进行投票表决，最终呈送给教育部审定颁布，这就是我们今天看到的 2011 年《全日制义务教育历史课程标准》。

三、继承与发展

《全日制义务教育历史课程标准》颁行来之不易，一方面继承了《全日制义务教育历史课程标准（实验稿)》的优长，另一方面又广泛吸纳了课程专家、学科专家、历史教研员和一线历史教师的合理建议，使他在原有基础上得到了长足发展。

1. 关于义务教育历史课程设置指导思想的修订

《全日制义务教育历史课程标准（实验稿）》	《全日制义务教育历史课程标准》
这次历史课程改革要以唯物史观和科学的教育理论为指导，通过精选历史课程内容，设计灵活多样的教学方式，激发学生学习历史的兴趣，转变学生被动接受、死记硬背的学习方式，拓展学生学习和探究历史问题的空间；培养学生正确的历史观，进而使学生学会辩证地观察、分析历史与现实问题，加深对祖国的热爱和对世界的了解，从历史中汲取智慧，养成现代公民应具备的人文素养，以应对新世纪的挑战。	义务教育阶段的历史课程，是在唯物史观的指导下，弘扬以爱国主义为核心的民族精神和以改革创新为核心的时代精神，传承人类文明的优秀传统，使学生了解和认识人类社会的发展历程，更好地认识当今世界和当代中国，从历史的角度观察和思考社会与人生，从历史中汲取智慧，逐步树立正确的世界观、人生观和价值观，提高综合素质，得到全面发展。

我们从上表可以看出，在中学历史课程设置的指导思想方面，《全日制义务教育历史课程标准》与《全日制义务教育历史课程标准》相比，坚持了以历史唯物主义为根本指导，并以中国特色社会主义理论体系为基本依据，切实把社会主义核心价值体系融入义务教育之中，以培养社会主义公民的素质教育为目的。

2. 有关改变"难、繁、偏、旧"和过分追求学术体系完整的修订问题

《全日制义务教育历史课程标准》充分考虑了义务教育的性质和初中阶段学生的认知能力，借鉴我国和外国历史教育教学的成功经验，研究近年来义务教育新课程实施的成果和问题，积极吸纳各方面的合理建议，在进一步解决课程内容的"难、繁、偏、旧"和成人化以及过分追求学术体系完整性的倾向，进一步减轻学生的课业负担方面下了很大功夫。

《全日制义务教育历史课程标准》与《全日制义务教育历史课程标准（修订稿)》相比，以中国古代史为例，删减了"光武中兴"

"官渡之战""西晋建立""雕塑与绘画""《聊斋志异》《儒林外史》和昆曲"等16个知识点。

《全日制义务教育历史课程标准》与《全日制义务教育历史课程标准（实验稿）》相比，我们还可以中国古代史"史前时期"的内容为例进行具体比较说明。

《全日制义务教育历史课程标准（实验稿）》将这一内容表述为"中华文明的起源"，具体【内容标准】包括"以元谋人、北京人等早期人类为例，了解中国境内原始人类的文化遗存。简述河姆渡遗址、半坡遗址等原始农耕文化的特征。知道炎帝、黄帝和尧、舜、禹的传说，了解传说和史实的区别。"【教学活动建议】包括"利用板报建立'历史学习园地'。根据教学用图，想象原始人的一天是怎样度过的。"

《全日制义务教育历史课程标准》的具体【内容标准】包括"知道北京人的特征，了解北京人发现的意义。知道化石是研究人类起源的主要证据。了解半坡居民、河姆渡居民的生活和原始农业的产生。知道考古发现是了解史前社会历史的重要依据。知道黄帝、炎帝的传说故事，了解传说与神话中的历史信息。"【教学活动建议】包括"有条件的地方，可以参观我国境内的古人类遗址。根据教学用图，想象原始人的一天是怎样度过的。"

比较两者教学目标要求，我们从中可以看出，《全日制义务教育历史课程标准》在具体历史知识点方面减少了"元谋人"和"尧、舜、禹的传说"。在学科能力和学术体系要求上，将"了解中国境内原始人类的文化遗存"，降低为"知道化石是研究人类起源的主要证据"；将"简述……原始农耕文化的特征"，降低为"知道考古发现是了解史前社会历史的重要依据"；将"了解传说和史实的区别"，降低为"了解传说与神话中的历史信息"；将教学活动"利用板报建立'历史学习园地'",降低为"有条件的地方,可以参观我国境内的古人类遗址"。

3. 有关历史课程内容呈现方式的修订问题

历史课程内容呈现方式历来就多种多样。新课程改革之前,我国初中历史课程基本上是采用编年体。新课程改革后,《全日制义务教育历史课程标准(实验稿)》将历史课程内容呈现方式修改为"学习主题"呈现方式。具体做法,就是将义务教育历史课程分为中国古代史、中国近代史、中国现代史、世界古代史、世界近代史和世界现代史六个学习板块,每个学习板块之前以"通论"的方式概述该时段历史的基本线索及主要特征,然后以"学习主题"呈现每个板块的学习【内容标准】和【教学活动建议】。采用这一呈现方式,原来的意图是为了改变传统历史课程"难、繁、偏、旧"的现象,实验表明在某些方面起了一定程度的作用,不失为教学改革过程中某一阶段的一种探索。但实验也表明,这一历史课程呈现方式也存在不少问题。一是"学习主题"限制了史事的选择,疏漏了重大的历史事件。如在中国近代史"列强的侵略与中国人民的抗争"这一学习主题下,在讲完鸦片战争后,接着就是"知道太平军抗击洋枪队的事迹"。然而,《全日制义务教育历史课程标准(实验稿)》既没有"太平天国"学习主题,也没有在其他学习主题中涉及太平天国"金田起义""定都天京"等最基本的史实。没有太平天国,又何来"太平军抗击洋枪队"呢?二是有些学习主题太大,包含的学习内容太多,而且存在生硬捏合的现象。如"中古亚欧文明"学习主题,包含"了解大化改新的基本内容,讲述穆罕默德的主要活动"两个学习内容,而这两者其实毫无关系。三是学习主题呈现方式容易割裂历史,使学生难以把握历史发展的基本线索、主要事件和主要人物。如中国古代史第三个学习主题为"统一国家的建立",

其中讲到"汉武帝大一统的主要史实"。第四个学习主题是"政权分立与民族融合",其中讲到"了解三国鼎立形成的史实"。中间只字未提东汉,这样容易给学生造成西汉之后便是三国鼎立的错觉。同时,也不利于学生进入高中后的历史学习。因为,整个初中阶段的历史学习,学生并没有建立起中外历史发展的时序系统,不知历史之间的纵横联系,没有掌握必要的历史发展基本线索,这样,学生进入高中学习专题体系历史时,就更不易把握历史发展的时序和纵横联系。他们要么孤立的认识历史,要么视历史为一团无序的乱麻。

《全日制义务教育历史课程标准》在课程内容呈现方式上,一方面继续保持了将义务教育历史课程分为中国古代史、中国近代史、中国现代史、世界古代史、世界近代史、世界现代史六个学习板块,每个学习板块之前以"通论"的方式概述该时段历史的基本线索及主要特征的做法。另一方面充分考虑了《全日制义务教育历史课程标准(实验稿)》的征求意见,如"学习主题"呈现方式,时序性和线索性不强,不能体现历史学科的基本特征,不符合初中生的认知能力,建议改为通史结构或编年体方式等。于是,《全日制义务教育历史课程标准》将原"学习主题"呈现方式,修改为"点——线结合"的呈现方式,基本上解决了时序性和线索性不强,不能体现历史学科基本特征,不符合初中生的认知能力等问题。同时,这一修改,也为高初中历史学习的衔接创造了重要条件。

关于 2011 年《义务教育历史课程标准》坚持唯物史观的一些思考①

一

历史观是人们对历史的根本见解。在历史唯物主义诞生以前，人们总是从神的意志、卓越人物的思想或某种隐秘的理性，即从某种精神因素出发去解释历史事件，说明历史的发展。这样的结果，不是曲解人类历史，就是完全撇开人类历史。资产阶级历史观，用"人"的观点解释历史，比中世纪用神的意志说明历史的神学观点是一个重大进步，但其所理解的人是一种抽象的人，即脱离历史发展条件和具体社会关系、孤立地站在自然面前的生物学上的人，或失去感性存在的玄虚的自我意识。从这种抽象的人出发，必然把历史发展和社会进步的动力归结为人类的善良天性或者神秘的理性。

历史唯物史观是关于人类社会发展普遍规律的科学。如物质生活的生产方式决定社会生活、政治生活和精神生活的一般过程；社

---

① 本文发表于《中学历史教学参考》2012 年第 4 期。

会存在决定社会意识，社会意识又反作用于社会存在；生产力和生产关系之间的矛盾、经济基础与上层建筑之间的矛盾，是推动一切社会发展的基本矛盾；社会发展的历史是人民群众的实践活动的历史，人民群众是历史的创造者，但人民群众创造历史的活动和作用总是受到一定历史阶段的经济、政治和思想文化条件的制约等。这与以前一切历史理论不同，它承认历史的主体是人，历史不过是追求着自己目的的人的活动而已。但历史唯物史观所说的人不是处在某种幻想的与世隔绝和离群索居状态的抽象的人，而是处于可以通过经验观察到的发展过程中的现实的活生生的人。现实的人无非是一定社会关系的人格化，他们所有的性质和活动始终取决于自己所处的物质生活条件。只有从那些使人们成为现在这种样子的周围物质生活条件去考察人及其活动，才能站在现实历史的基础上描绘出人类发展的真实过程，揭示人类历史的本质和发展规律。坚持以马克思主义的唯物史观为指导，对历史进行客观、辩证、全面和实事求是的阐述，这是 2011 年《义务教育历史课程标准》的基本指导思想，并在"前言"部分的"课程基本理念"以及"实施建议"部分的"教学建议""教材编写建议"中有多次明确表述。

二

当前史学界流行多种历史观，如文化史观、近代化史观、文明史观、全球史观、后现代历史观等。课标组在修订《全日制义务教育历史课程 标准（实验稿）》过程中，确实有人建议将文明史观、全球史观、现代化史观等纳入《义务教育历史课程标准》，作为历史新课程编写的重要指导思想。课标修订组和课标审议组之所以没有采纳这些意见，主要是这些历史观存在这样或那样的缺陷，不能全面科学准确阐释人类社会发展的历史。

如"文明史观",一般认为,文明史观作为一种文明史研究范式,是研究历史的一种理论模式。文明史观发端于德国历史学家斯宾格勒,集大成于英国史学家汤因比。其中,汤因比于20世纪初发表的《历史研究》是文明史观研究历史的代表作。文明史观认为,历史研究中可以独立说明问题的基本范畴或单位是文明。"文明"按照纵向可以分为农耕文明(新石器时代、青铜器时代、铁器时代)和工业文明(手工工场时代、蒸汽时代、电气时代等),横向可以分为物质文明、政治文明、精神文明,其划分标准是生产力,纵向的农耕文明和工业文明包含那个时代的物质文明、政治文明和精神文明。文明史观重视至今仍有重大影响的文明成果,从现实追溯历史,从历史联系现实,说明现代文明是如何传承演变的,把历史与现实相结合。在研究方法上,文明史观强调多学科的综合等。

实事求是地说,文明史观在历史研究上确实有其可取之处。如有人主张以文明史观作为研究思路,把中华文明纳入世界文明中考察,从人类文明发展的大背景考察中国文明的演进,同时又从中国文明的角度看待世界其他文明的发展,这就值得尝试。但我们必须明白,文明史观毕竟是西方资产阶级史学家提出来的,"西方学者撰写的世界文明史著作,多立足于西方人的视角,强调西方文明的地位,带有'西方中心论'的意识,也不同程度地存在着宿命论的痕迹。"[①] 同时,在林林总总的文明史研究者中,各家的观点和思路都存在着极大差异,有些明显存在着为西方文明和政治经济发展服务的意图。如有的文明史观者认为,要正确评价各种文明成果,正确

---

① 袁兆桐,田家伟.文明史观与新课程教学[J].历史教学(中学版),2009(1):19.

认识人类文明成果与代价的关系。人类文明每前进一步，都须付出代价，如战争、浩劫、争权夺利和历史暂时的倒退……这些代价与文明进步所带来的成果相比是次要的，我们不能过多地讲代价，从而忽略了人类坚韧不拔的追求文明的诚恳的步伐。从某种意义上说，这一文明史观实质上是在为西方资本主义国家的侵略扩张和掠夺进行辩护。因此，"当我们在课堂上为西方近代'文明'历史唱足赞歌的同时，可曾揭露其另一面——不文明的'野蛮'本质？接受了'落后就要挨打'观点的国家和民族，可曾意识到上了'丛林法则'——强盗逻辑的大当？历史一再表明，世间野蛮事'文明人'干了不少，你落后他要打你，你先进他更要打你，西方媒体'妖魔化'中国，根由恐怕恰在这里。它们唯恐你中国强大，唯恐你中国不乱，唯恐你爱自己的国家。"①

更有甚的是，美国哈佛大学教授塞缪尔·亨廷顿于 1996 年出版的惊世大作《文明的冲突与世界秩序的重建》，抛出了著名的"文明冲突论"。在斯宾格勒、汤因比、布罗代尔等历史学家的研究基础上，亨廷顿确认了六种现代文明（印度教文明、伊斯兰教文明、日本文明、东正教文明、中华文明和西方文明）和两种可能的候选文明（非洲文明和拉丁美洲文明）。进而认为："在后冷战时代的新世界中，冲突的基本源泉将不再首先是意识形态或经济，而是文化……全球政治的主要冲突将发生于不同文化的国家和集团之间。文明的冲突将主宰全球政治。""下一次世界大战，如果有的话，必将是所有文明之间的战争。"这样，亨廷顿不仅把文化和文明看作是国际关系中的关键变量、国际事务中国家行为的重要基础，而且将

---

① 任鹏杰．历史教育：现在·思想·人格——对《中史参》当下办刊关键词的思考［J］．中学历史教学参考，2008（7）：1．

其看作是国际冲突的首要原因。亨廷顿的"文明冲突论",不仅在史学界遭到了广泛批评,就连 1998 年诺贝尔经济学奖得主,哈佛大学的印度裔学者阿玛提亚·森（Amartya Sen）也在 2006 年 10 月底"北京论坛"上点名批评了同为哈佛教授的塞缪尔·亨廷顿的"文明冲突论"。阿玛提亚·森指出,随着文明冲突论衍生出的种种危言耸听甚嚣尘上,割裂法的文明史观已看似占据上风。古往今来,有关文明冲突的言论时隐时现,但它从未像现在这样,在许多西方国家占据了中心议题的地位。对这一事态的出现,塞缪尔·亨廷顿的《文明的冲突与世界秩序的重建》提供了最重要的思想武器。有影响力的评论家,往往将我们周围发生的种种惨剧归咎于人类文明各部分间的区别,尤其是宗教之间的差异。如果说,割裂法的文明史观本身就有缺陷,这些缺陷而今却被文明冲突论给放大和加剧了。而真正悲剧性的却是,那些眼界狭小的西方人并不奋起反驳那种没有事实根据的不可调和论,反而更加抱着隔段式的历史观和狭隘定义的文明观不放。他们不想方设法淡化反西方的异化,反倒替恐怖主义散布同样的文明史观,这样做,不啻火上浇油,胁从行凶……了解全球文明的本质,其重要性不仅仅在于对我们的科学和我们的历史有一个正确的了解,而且也在于避免受到那种割裂的和狭隘的观念的蛊惑,这类蛊惑已日益成为当今世界上的异化和暴力的一个温床……我们今天迫切要做的,是重温和赞美在我们辽远广大的全球文明中的相互依存——这种相互依存已为我们积累了宝贵财富,而我们对它的珍视已变得比以往任何时候都更迫切。

再如"全球史观",它兴起于 20 世纪下半叶的美国。全球史观的基本特征是将人类社会的历史作为一个整体来看待,其代表人物斯塔夫里阿诺斯在他的《全球通史》中指出,全球史观"主要特点就在于:研究的是全球而不是某一国家或地区的历史;关注的是整个人类，而不是局限于西方人或非西方人。"① 坚持"全球史观"的学者还认为，宏观的历史不等于地区史和国别史的简单组合，而是重在阐述不同地区和国家之间历史的联系与影响。全球史虽然有一些鲜明的时代特点，但也有不少局限性。即使是美国的全球史学者也承认，"目前全球史观还存在着诸多理论缺陷，其中最明显的是对社会内部发展的忽视。"② 刘新成教授对根据全球跨文化互动的程度为世界历史进程重新划分"阶段"的方法也提出质疑："仅仅以'互动'这一点作为断代根据是否妥当？这本身就是还需要商榷的问题"。③ 另外，还应充分考虑偶然性是否妥当？如"一战""二战"的爆发，当然是"若干社会参与其中的历史事件"，但"若干社会参与其中"难道就意味着这种必然性不存在吗？还有，世界史毕竟有一个由分散到整体的过程，全球史在考察当今世界的全球化等问题时有明显的优势，但当它尽量追溯以往的历史时，不一定就是最好的方法论。总之，全球史观还是一个不成熟的方法论，把它与历史研究的指导思想唯物史观相提并论确实不很妥当。④ 也就是说，用超国家、超民族、超个体等方法考察重要历史事件确实有其可取之处，但其忽视社会内部的发展，彻底摒弃以国家、民族、个体为单元的研究方法论不仅不科学，而且恰恰是全球史观的缺陷。正如任鹏杰先生所说："由于地球人对以西方（主要是欧洲）中心论为基础的文明史观多有不满，西方一些史学家于是借'全球化'理论风靡全球之际，不失时机地弄出一个表面上无中心论的全球史观，

---

① ［美］斯塔夫里阿诺斯．全球通史——1500 年以前的世界［M］．上海：上海社会科学院出版社，1998：54.
② 刘新成．全球史评论［M］．北京：商务印书馆，2008：31.
③ 刘新成．全球史评论［M］．北京：商务印书馆，2008：31.
④ 刘新成．全球史评论［M］．北京：商务印书馆，2008：25.

其实也难掩世人耳目。试问，由文明史观到全球史观，其本质变了吗？没有，而是变本加厉了。全球史观的现实依据——全球化理论，是一切以赢利为目的的众多跨国公司操纵媒体宣传的结果，其本质是要削弱国家和民族的区隔，以便使其对'天地人'实施奴役和剥削，在所谓'公平'竞争的幌子下，变得更加'自由'无碍……全球史观，绝非一个'全球视野'可以了得！至少目前，还看不出它有什么真切的全球关怀……盲目从之，或许恰如布迪厄在《遏止野火》中所担忧的那样，多元多样的文化会被瓦解，爱国主义亦将被化为虚无，世界在全球化的'野火'中将无复宁日。谁不明白，丧失了国家的保护，任何一个个人的人生境地将会怎样？过渡'开放'追求全球化、放弃独立自主，已使一些国家崩溃了……"①

三

2011年《义务教育历史课程标准》从培育具有社会主义核心价值观的公民这一时代发展和社会前进的需求出发，基于历史课程是人文社会科学中的一门基础课程，对学生的全面发展和终身发展有着重要的意义，在"课程性质"中体现了"思想性"，并明确指出："坚持用唯物史观阐释历史的发展与变化，使学生认同中华民族的优秀文化传统，增强爱国主义情感，坚定社会主义信念，拓展国际视野，逐步树立正确的世界观和人生观。"

---

① 任鹏杰. 历史教育：现在·思想·人格——对〈中史参〉当下办刊关键词的思考 [J]. 中学历史教学参考，2008（7）：1.

理性应对新课程改革①

2007 年秋，湖南省普通高中全面进入新课程改革。这对于广大教师来说，既是一次机遇，也是一次挑战。由于从中央到地方的各级教育行政部门和教研单位都十分重视这次新课程改革，因而不少教师对如何应对这次新课程改革心中没谱，有的教师甚至感到惶恐。实际上，只要我们高度重视、准备充分，完全可以高质量完成这次新课程改革任务。

教师如何应对新课程改革，首先必须要做的一件事，就是研究自己学科的新课程标准。细心的人也许早就发现，在新一轮基础教育课程改革中，沿用了几十年的教学大纲悄然隐退了，取而代之的是国家课程标准。有些教师可能会认为，"新课程标准"与原来的"教学大纲"相比，只不过是一种名称变化而已，是一种"文字游戏"。其实不然，国家课程标准无论从目标、要求还是结构、体例上都是全新的，蕴含着素质教育的理念，体现着鲜明的时代气息，是一部内容十分丰富的全新意义上的"教学大纲"。其主要特点：一是新课程标准着眼于未来国民素质；二是大纲强调的是知识和技能目

———————————

① 本文发表于株洲市四中《柏园》杂志 2007 年第一期，为内部刊物。

标，标准关注的是学生的学习过程、方法、情感、态度及价值观；三是突破学科中心，为终身发展打基础；四是注重学生的学，强调学习的过程与方法；五是课程标准提出了多元评价建议；六是课程标准为教材编写者、教师教学及学业评价留下了创造空间。

其次要做的一件事，就是转变教育教学观念。具体来说，应注意以下方面：

一是树立以人为本、以问题和解决问题为中心的教学观，教师要鼓励学生在思维上创新。实际上，依据新课程标准编写的教材，有些问题本身就没有唯一的答案，这一点，尤以社会科学表现最为明显。

二是树立大众教学观。新的课程标准突出体现义务教育的普及性、基础性和发展性。义务教育阶段的各学科教育是全民教育，因此，教育应"面向全体学生"，实现"人人学有价值的知识""人人都能获得必需的科学""不同的人在学业上得到不同的发展"。从另一层面看，科学来自大众，又必须回归于大众，科学只有在大众的运用中才能得到完善和发展。

三是树立生活实践教学观。科学来自生活实践，又必须回归于生活实践，科学只有在生活实践中才能赋予活性与灵性。因此，各学科的教学的目标应指向生活实践。

四是树立终身学习的教学观。当今知识更新极快，新知识、新信息层出不穷，学生在学校的学习时间和机会毕竟有限，更多的是步入社会后继续学习。使学生具有扎实的各学科基础知识、必备的科学思想方法和较强的自学能力十分重要。因此，各科教师应该为学生终身学习奠定基础。教师今天的教是为了学生明天的学，学生今天的学会是为了明天的会学。

五是转变教师的角色。从教学的指向性来看，教师应充当学习者的角色；从各学科内容的把握来看，教师应充当教材编者的角色；从教学知识传授的特点看，教师应充当教练的角色；从学习方法来看，教师应充当学习策略的传授者；从教学活动与评价活动的互动性来看，教师应充当评价参与者的角色。

高中历史校本课程开发思考与实践①

　　1999 年中共中央、国务院颁发的《关于深化教育改革全面推进素质教育的决定》明确规定，试行国家课程、地方课程和校本三级课程体系。于是，开发高中历史校本课程便提上了学校工作日程。

　　新课程改革实行国家、地方和学校三级课程管理制度，校本课程的开发必须"依据国家的教育方针、国家或地方课程计划、学校教育哲学、学生需求评估以及学校课程资源，……充分尊重和满足学校师生的独特性和差异性，特别是使学生在国家课程和地方课程中难以满足的那部分发展需要得到更好的满足。"② 因此，所谓高中历史校本课程，就是所在学校的高中历史教师，或以所在学校高中历史教师为主体，积极与其他学科教师，或其他学校的历史教师，或其他机构的历史研究人员合作，依据党和国家的教育方针，在遵循国家课程的前提下，通过对学校学生需求的科学评估，充分利用当地的历史课程资源，依据所在学校的办学思想，采用选编、改编、

---

① 本文于 2011 年 8 月撰写于株洲市第四中学，是为了解决历史校本开发过程中的相关问题所做的研究。本人曾以学术报告形式，在一些研讨会上交流。
② 朱慕菊主编. 走进新课程——与课程实施者对话［M］. 北京：北京师范大学出版社，2002：197.

新编教学材料或设计学习活动等方式，并在校内实施、建立内部评价机制的各种含有历史知识的专业活动。如何科学高效地开发自己的历史校本课程？

一、高中历史校本课程的基本策略

第一，坚持素质教育宗旨，树立科学的高中历史校本课程开发观。

"'一切为了每一位学生的发展'是新课程的最高宗旨和核心理念"①，也必然是我们高中历史课程开发的最高宗旨和核心理念。高中历史校本课程不仅是一种结果，也是一种过程，更是一种意识。它是师生双方在教学过程中共同创设的、鲜活的、过程性的、发展着的活动形态。历史校本课程的开发应"尽量考虑学生的年龄特征、兴趣特长和认知水平"②。"一方面为学生的身心发展提供必要的基础知识，形成基本能力，另一方面为他们身心的发展创设一定的条件，让他们主动探索、体验，学会适应社会生活，形成创造力，促进他们情感、兴趣和爱好的发展。"③ 某校一位历史教师，由于事前没有进行学生意愿调查，费了很大力气编写出《中外宗教史》校本教材，结果因没有学生选修而"作废"。因此，高中历史校本课程的开发应是互动的、民主的、科学的，而不是单向的、封闭的。高中历史校本课程的开发者要具有强烈的学生意识，在开发历史校本课程过程中，必须充分了解学生的意愿，并科学地将学生意愿融入高

① 朱慕菊主编.走进新课程——与课程实施者对话［M］.北京：北京师范大学出版社，2002：120.

② 朱慕菊主编.走进新课程——与课程实施者对话［M］.北京：北京师范大学出版社，2002：220.

③ 陈旭远主编.新课程新理念——基础课程改革通识培训教材［M］.东北师范大学出版社，2002：6.

中历史校本课程开发之中。

　　在历史校本教材开发过程中，我还发现一些历史教师对开发校本课程视同"儿戏"，认为开发一种历史校本课程，编写一本历史校本教材，只不过是举手之劳。实际上，他们开发出来的历史校本课程，要么如同一本本讲演稿，要么如同一个个教案，要么如一篇篇文章，要么如同一本本专著，总之不像一种历史课程，也不是一本可供师生共同使用的历史校本教材。严格地说，高中历史校本课程的开发是一项专业性极强的工作，它既要求开发者具有深厚的专业知识、娴熟的课程编写技术（课程三维目标的定位技术；校本课程的撰写技术；课程主客体的评价技术等），也要求开发者具有科学的艺术的教育教学视角，实现历史知识与能力、过程与方法、情感态度与价值观、教学技术和教学艺术的完美统一。唯有这样，开发者才有可能开发出图文并茂、内容丰富多彩、时代特色显著、符合学生需要、具有强烈吸引力的高中历史校本课程。

　　第二，坚持精诚合作，合力开发出科学的高中历史校本课程。

　　高中历史校本课程开发是一项综合性工程，绝不是一个或几个教师闭门造车之事，因为任何人的认识、知识和能力都是有限的。开发高质量的历史校本课程，必须遵循国家的法律政策、教育教学规律、科学的历史观，历史校本课程所涉及的所有历史专业知识和其他学科的知识，必须准确无误。他"要求学校内各成员必须认同及分享以下的价值取向：强调学习、珍惜互助及合作、接纳不同专业意见的表达、重视相互参考及支持、愿意妥协。"① 否则，就有可能误人子弟，甚至给学生、学校带来不可挽回的损失。如某历史教师曾向我表示，他准备编写一本《株洲市少数民族宗教》的校本教

---

① 严先云编著. 新课程实施与教学创新［M］. 海南出版社，2003：4.

材，我当时就感到非常吃惊，并表示反对。因为，这一"专题"涉及太多的法律政策、民族关系、史料来源和科研经费等问题，绝不是一个学校和中学教师可以完成的。实际上，这位教师至今在这一教材开发上尚无任何结果。

我认为，凡有心从事历史校本课程开发的人，必须具有坦荡的胸怀，在开发课程过程中善于精诚与他人合作，虚心征求他人的意见。我反对任何形式的"课程开发英雄主义"，倡导组建历史校本课程编写组，真正实现历史校本课程开发主体之间，主体与学生、家长、社区人员、课程专家、校长之间的通力合作。只有形成"课程开发的合力"，才能打造出"科学合理的课程"。为促进我所在的株洲市四中高中历史校本课程的开发，我们尝试以株洲市历史教育学会为龙头，于2008年上期，两次组织城区各高中历史教研组长，先后在我校和株市教育科学研究院，召开了高中历史校本课程开发研讨会，并决定整合株洲市城区所有高中历史教师的力量，开发出既具有株洲特色，又符合所在学校需要的高中历史校本课程。

第三，科学选择、分类编撰，构建高中历史校本系列课程。

"校本课程的内容根据目标与学校所处环境的不同而各不相同"。加之"跟国家课程开发不同的是，校本课程开发的资源十分有限"。① 因此，从实际出发，科学选择编撰内容是开发独具特色的高中历史校本课程的核心工作之一。我认为，高中历史校本课程在编撰内容选择上，主要可从四个方面着手，构建自己的校本课程系列：一是乡土历史类。如，我们尝试以株洲市历史教育学会为龙头，决定发掘株洲市乡土历史课程资源，逐步开发出《株洲历史变迁》

---

① 靳玉乐主编. 校本课程开发的理念与策略［M］. 成都：四川教育出版社，2006：166－167.

《株洲历史名人传》《炎帝陵与炎帝文化》《株洲红色风云》《株洲现代工业的崛起》等历史校本课程教材系列；二是社会生活类。就国家课程来说，无论是传统历史课程，还是新课标历史课程，都是以政治、经济、军事、思想文化、民族关系和国际关系史为主体。作为国家课程的补充，我们完全可就社会生活方面开发高中历史校本课程。如，我们以社会生活为题材，可逐步开发《中国服饰的演变》《中国交通的变迁》《中国住宅的变迁》《中国传统节日的演变》《中国传统礼仪与习俗的变迁》等历史校本课程教材系列；三是研究性学习和学习方法类。改变学生的学习方法，是高中历史新课程的内容之一。因此，有条件的学校完全可就史学与学习方法开发出历史校本课程教材系列。例如，我以主持省级研究课题《历史研究性学习的理论与实践》为契机，整合课题组全体研究成员，尝试开发《历史学常识纵横》《中国历代陶瓷赏析》《中外著名建筑赏析》《中国古代钱币赏析》《中国古代墓葬与文物》《中国历代图书类型与价值》《著名史家与治史》《历史学习与考试》等校本教材；四是历史教材拓展系列。如《历史教材中的重要人物》（还可按政治家、经济家、军事家、文学家、艺术家等系列编写）、《历史教材中的重大事件》《历史教材中的名著》《历史教材中的典故》《历史教材中的重要现象》等。

　　第四，因地制宜，发掘乡土课程资源，突出历史校本课程的地域特色。

　　"地方课程和校本课程的设置，其目的就是要弥补单一国家课程的不足，发挥地方和学校的资源优势与办学积极性，满足不同地区、学校和学生的不同需求与不同特点，使整个基础教育课程体系既能促进国民共同基本素质的提高，又能促进学生个性的健康和多样化发展。"① 历史新课程改革要求推动历史教学生活化。常听人说：历史距离我们的生活过于遥远。其实历史就在我们的身边，且无处不在、无时不在。所谓乡土历史课程资源，就是本地历史上曾经发生过的、至今还保留着某些痕迹，能供今人开发和利用的历史资源。它既可以是历史遗迹，也可以是保留下来的历史文物、民间传说；既可以是历史上的重大历史事件、历史现象、重要的历史名人，也可以是有价值的凡人凡事、社区和家庭的演变等。历史学习的价值就在于鉴古知今、以史为镜，把乡土历史搬入课堂，实行"本土化教学"②，不仅使学生增强了对生活的感悟，同时也加深了对历史的理解。当历史融入生活，历史就变得"可望而可及"；当历史融入生活，学习就变得生动且亲切。

在发掘乡土历史课程资源开发历史校本课程问题上，总有一些历史教师存在畏难情绪，他们不知从何处着手开发乡土历史课程资源。实际上，任何地区都有值得我们去开发的历史课程资源。如我所在的株洲并不是一座古老的城市，新中国成立之前，还是一个名不见经传的小镇。人们都说，株洲是一座"火车拖来的城市"。但这并不意味着我所在的株洲市没有可供开发的历史课程资源，细数起来主要有红色遗产（如茶陵县的工农兵政府旧址、谭震林墓、李立三故居、左权将军纪念碑等）数十处，古代建筑遗产（如醴陵的渌江书院、攸县的谭氏祠堂、大夫第、翰林第、茶陵的陈石泉宗祠、炎陵的洣江书院等）数十处，古代碑刻（如荷塘区明照乡走沙巷义渡记碑；醴陵的吴楚古刹碑、攸县的重建宝宁禅寺并捐田记碑、炎陵的骆宾王摩崖石刻等）数十处、古代墓葬（如炎陵的炎帝陵、攸

---

① 朱慕菊主编. 走进新课程——与课程实施者对话［M］. 北京：北京师范大学出版社，2002：218.
② 任长松. 走向新课程：给教师的18条建议［J］. 教育理论与实践，2003（2）.

县安葬尧帝的尧山等）数十处、古代遗址（如恐龙化石遗址、三国建宁古城遗址等）数十处、近现代工业遗存（这里诞生了新中国第一台航空发动机、第一枚地对空导弹、第一台电力机车等）100 多个"全国第一"，株洲南方公司、株洲电力机车公司、株洲车辆厂等一大批大型企业，有着相当丰富的历史遗存。我们致力将这些历史课程资源开发成系列历史校本课程，不仅能突出学校办学的地域特色，更为重要的是在塑造学生思想品德方面会作用巨大。

第五，构建灵活多变、符合学生身心发展需要的历史校本教材体例。

校本课程研发，既改变了传统课程简单划一的格局，又有利于学校优化自己的资源配置，走内涵发展的道路。课程设置更多依赖于学校教师、学生的特点、特长。因为，教师的专长和课程开发的技能技巧，"可决定他们能有效地进行何种课程的开发""可决定他们适合哪些层次和环节的课程开发"。学生已经形成的群体优势能力、课程选择和反馈能力，"使学生在校本课程开发中成为积极的参与者和推动者，而不是旁观者和被动的接收者。"① 校本课程的开发"强调以学习者的兴趣、需要、能力、经验为中介实施课程""强调活动是人的心理发生发展的基础，重视学习活动的水平、结构、方式，特别是学习与课程各因素的关系"。② 我国传统历史教材是结构严密的章节体系，以历史知识为中心，强调历史发展规律和历史学科体系，"难、繁、偏、旧"现象严重，行文也相对固定。2003 年历史课程标准教材虽在编写体例上按"专题"以相对灵活的"课"

---

① 陈旭远主编. 新课程新理念——基础课程改革通识培训教材［M］. 东北师范大学出版社，2002：236.
② 陈旭远主编. 新课程新理念——基础课程改革通识培训教材［M］. 东北师范大学出版社，2002：4.

为单位编写，版式和行文也比传统历史教材有很大的改观。但从中学历史教学实践来看，教与学的难度仍不容乐观，高中历史教师和学生仍普遍感到难以达到2003年《普通高中历史课程标准》所提出的要求，学生在心理、情感上还不太乐意接受。因此，作为国家历史课程补充的高中历史校本教材，一定要力避体例和行文呆板之弊，编撰出受广大学生喜爱的历史校本课程来。我认为，编撰高中历史校本教材，在体例和行文上，一是要以"课"或"讲"为单位，不要拘泥于体例的制约，可以将"阅读课""讨论课""活动课""调查课""研究课""竞赛课"等，杂呈于一本高中历史校本教材之中。二是课文标题，可不拘一格，以便于表达、富有意境、吸引学生为目标。三是课文编撰必须图文并茂，版式精美，富有吸引力。四是每"课"或每"讲"的栏目不要过多，但一定要生动活泼，新颖精彩，富有意境，引发学生共鸣，能激发学生的求知欲。如我将自己编著的《自然环境与人的生存发展》一书，依据上述这四个基本要求改编成校本教材，就深受师生欢迎。

第六，创建科学的高中历史校本课程开发运行机制。

校本课程开发"实质上是一个以学校为基地进行课程开发的开放民主的决策过程，即校长、教师、课程专家、学生以及家长和社区人士共同参与学校课程计划的制订、实施、评价和改进活动。"①这就要求高中历史校本课程开发者创建科学的高中历史校本课程开发运行机制，高效协调各种关系，以确保课程的开发、评价和使用的顺利进行。我们的具体做法是：一是组建高中历史校本课程开发小组。其成员以自己所在学校的历史教师为主，但也适当邀请当地

---

① 靳玉乐主编. 校本课程开发的理念与策略［M］. 成都：四川教育出版社，2006：23.

高校的历史学家、教育局和学校领导参与，为顺利解决历史校本课程开发过程中所遇到的专业、经费等问题创造条件。对开发小组成员，我们既做到分工明确，又强调团结协作。二是建立高中历史课程资源的协调与共享机制。历史课程资源的开发和设计是校本课程开发的基石。因此，我们要求课程开发者，不仅要有自然即课程、社会即课程、自我即课程的新型课程观外，还要注意挖掘和有效利用校内历史课程资源和校外历史课程资源，建立校内外历史课程资源的协调和共享机制。三是以学校教科室为龙头，建立历史校本课程主客体的有效评价机制。并就下列主题开展评价：学校、教师和学生的参与历史校本课程开发的热情度、投入度有效性如何？历史校本课程开发对历史教师专业素养、教学艺术和教师社会声誉的提升等有何影响？历史校本课程的开发和使用对学生的知识、能力、思维方法、情感态度与价值观有何影响？历史校本课程开发的预设目标与生成的达成度如何？历史校本课程开发对所在学校的整个校本课程开发有何影响？历史校本课程开发对学校办学特色形成有何影响？由于我们注意建立历史校本课程主客体的有效评价机制，从而有力地促进了我校高中历史校本课程质量的提高。

二、高中历史校本课程开发的基本原则

第一，人本性原则。

"以人为本"是新一轮课程改革所追求的目标。但综观高中历史校本课程开发情况，偏离这一原则也时有发现。如一些学校领导不顾实际，要求每一位教师在一月之内拿出自己的校本课程；一些历史教师则不顾学生实际，编写大部头资料当作校本课程让学生选修。以人为本开发历史校本课程，一是要以教师为本，要从历史教师的实际能力和工作条件出发，对不具备相关能力和条件的历史教师进

行培训，以确保其有能力和条件进行历史校本课程的开发。如果在历史教师不具备这些素养的情况下，盲目要求他们从事历史校本课程的开发，其结果既弄得他们疲惫不堪，又使其开发出来的历史校本课程达不到相应质量要求而贻误学生。二是要以学生为本，也就是我们在开发历史校本课程时，要充分尊重学生个性发展的需要，力求促进学生素质的提高，不要人为地加重学生课业和身心负担。学生通过选修我们开发的历史校本课程，不仅能在掌握历史学知识，观察、思考、分析问题和解决问题能力有较大提升，而且要在情感态度与价值观方面得到进一步完善。正因为如此，我们在开发历史校本课程时，还应充分考虑所选主题要包含人文精神。

第二，理论联系实际原则。

我们历史教师在开发校本课程时，最易犯的毛病就是"想当然"，要么将校本课程开发当成课题研究做，要么将校本课程当成学习辅导资料或课外阅读资料选编。实际上，高中历史校本课程开发旨在弥补国家历史课程的局限，满足本校不同学生学习历史知识的需要，以提高学生的综合素养。这就要求历史校本课程的开发者，既要有坚实的历史专业知识和教育教学理论功底，又要有坚持从当地历史课程资源和学生的实际出发、理论联系实际开发出符合历史课程建设要求和学生需要的历史校本课程，切忌仅凭历史教师的个人喜好、兴趣，随意开发历史校本课程。贯彻理论联系实际的原则，还要求我们在高中历史校本课程开发时，注意从实践的角度适当增加一些具有实践意义的历史活动课。如结合本地的乡土特点，开展不同类型的历史社会调查、文物古迹探幽、历史名胜溯源、历史人物寻访、生活习俗寻根等。这些历史活动课，能有力促进学生在感知历史过程中，体验历史的魅力，感悟历史的价值，培养学生独特的实践精神和创新能力。

第三，多样性原则。

中国地域广大，各地的历史发展极不平衡，社会发展复杂多样，各地各校教育发展水平和拥有的资源也千差万别，这就决定了学校历史校本课程开发必须具有多样性。贯彻多样性原则，一是历史校本课程在开发内容选择上要保持多样性，以满足不同学校、不同学生的需要。二是历史校本课程在开发形式上要保持多样性。如在编撰形式上要注意图文并茂，在课题内容设计上不局限于传统的课堂教学，可设计一些走出课堂，走出校园，走向社区的历史调研、参观、访问、研究性学习的课题，让学生们感受到历史的亲切与真实，让学生懂得学习历史的重要性，从而调动学生学习历史的积极性和主动性，以鼓励学生的个性发展。

第四，协调性原则。

中学历史校本课程的开发是一个复杂的系统工程，它只是学校校本课程体系中的一个组成部分，而学校校本课程又是国家课程、地方课程和校本三级课程体系中的一个组成部分。所谓协调性原则，就是要求我们在开发历史校本课程时，一方面必须遵循国家的课程计划，在国家课程计划框架内，弥补国家课程的缺失，谋求与国家课程和地方课程的协调一致发展。如必须保持与国家课程在人文主义、公民道德建设、学科思维能力等方面的一致。另一方面，高中历史校本课程作为校本课程体系的重要组成部分，不仅需要与学校学科课程与活动课程相配合，也需要与潜在的课程相配合。另外，要使历史校本课程开发科学化，还应注意与当地历史文化资源、学校资源、人力资源、财力资源等相协调，以确保历史校本课程健康稳步地发展。

三、高中历史校本课程开发的意义

第一，开发高中历史校本课程有利于弥补国家历史课程缺陷。

实事求是地说，高中历史教材是存在一定缺陷的。从教学角度来说，原统编历史教材过于重视历史结论，忽视历史过程性。依据《普通高中历史课程标准（实验）》编写的"一标多本"的新课标历史教材，虽有较大的改观，但因受内容标准、体例、篇幅等因素的制约，过程性的东西仍然有限。从认知规律的角度来说，这是不利于学生认知历史的。因为历史发展本身就是一个过程，这就好像个体对自我发展的认识也是一个过程一样。如果我们的历史课程只教给学生现成的结论，那么必然会导致学生失去学习的兴趣，学生的思维也容易被束缚。加之，中国地域广大，各地民族结构、政治、经济、文化教育发展水平相差甚大，无论是传统整齐划一的统编历史教材，还是"一标多本"的新课标教材，都难以适应其需要。从学生个性差异来看，无论是传统的统编教材，还是"一标多本"的新课标历史教材，整齐划一的教学内容都不可避免地导致"差生""吃不下"，"特优生"和特别喜爱学历史的学生"不够吃"和"吃不饱"的现象。因此，充分考虑不同地区、不同学校和学生的差异性、特殊性，开发出适应不同地区、不同类型、不同水平的学校历史教学需要的校本课程，就能在一定程度上弥补国家历史课程的缺陷，学生可以根据自己的能力和特长，选择相应的课程，并采取不同的学习策略和模式。我们开发出来的高中历史校本课程系列，满足了不同学生的需求，深受广大学生喜爱，已在实践中证明了这一点。

第二，开发高中历史校本课程有利于开创学校办学特色。

从教育发展的现实来看，学校的办学特色是一所学校的立身之本、安身之命。但传统的国家课程设置，在课程结构上过于注重系统性、全局性，课程结构显得单一、直板，不利于学校开创自己的办学特色。而校本课程的开发充分建立在教师、学生及其家长、社区人士广泛参与学校课程决策的机制下，充分建立在有效利用当地的课程资源的基础上，这就有利于促使学校特色的形成。正因为如此，一些重点中学早就根据自己学校的实际，为满足学生发展需要和培养特色人才，在实践中开发一些校本课程，以满足部分学生"选修"的需要，形成了自己的办学特色。我们所开发的高中历史校本课程，对开创株洲市四中"文科做优、理科做强、艺体做大"的办学特色起了重要促进作用。

第三，开发高中历史校本课程有利于促进学生的发展。

新一轮课程改革的最终目标是"一切为了每一位学生的发展"。《普通高中历史课程标准》也明确指出：学生通过历史学习，应培养健康、高尚的审美情趣，弘扬民族精神，进一步提高人文素养，形成正确的世界观、人生观和价值观，成为有理想、有道德、有文化、有纪律的一代新人。如我们基于研究性学习开发的高中历史校本课程，因注重突出地方特色，注重学生学习过程的自主、合作、探究，注重学生学习能力和人文素养的养成，学生通过形形色色的研究性学习课题（如周年纪念、社会实践、知识讲座、模型制作等）学习，增强了学习历史的兴趣，拉近了学校与社会的距离，从而尽可能地挖掘和发挥了学生的自主潜力，培养了个体间的集体协作能力，让学生在学习过程中体验到快乐，在快乐中学会学习，在学习中领悟生活，促进了学生整体发展和个体发展和谐统一。

第四，开发高中历史校本课程有利于提升历史教师专业素养。

无论是传统高中历史教材，还是"一标多本"的高中历史课程标准必修或选修教材，都是由相关开发机构组织历史课程专家来完成的。对于绝大多数高中历史教师而言，他们只是历史课程的实施者。高中历史教师专业素养的提高，就是依据已有的高中历史教材开展教研，这无疑限制了历史教师的专业视野和素养的提高。随着高中历史校本课程的开发，历史教师不仅是课程的实施者，更是课程的研究者和开发者。高中历史校本课程的开发，给每位历史教师创造了一次课程开发的机会。我们在组织开发历史校本课程过程中发现，有些历史教师开始或不以为然，或不愿意参加，一旦自己参与进来，他们才发现编写一本好的历史校本教材并非易事，并深感自己的历史专业知识和编写功力的不足。他们为了编写出一部属于自己的高质量的历史校本教材，不得不深入透彻地钻研自己所要编写的相关课文所涉及的历史专业知识，不得不改变自己的专业生活方式，不断学习现代史学理论，提高自己的专业水平和自身的课程意识，培养自己诠释课程、开发课程的能力。实践表明，高中历史校本课程的开发，不仅使我本人受益匪浅，而且凡参与了高中历史校本课程开发的教师，其专业素养都普遍得到了较大程度的提高。

总之，在新课程改革的背景下，在教育事业飞速发展的今天，我们必须以饱满的热情、敏锐的目光、睿智的思维、务实的作风投入到历史校本课程开发的工作中。

历史教材的误读①

——以人教版初中历史教材"抗战史"为例

在某次中国教育学会历史教学专业委员会学术年会上，某地历史教研员曾公开宣称："新中国成立以来，中学历史教材有关抗日战争的叙述是假的。"这确实令我相当震惊。说实在的，当今社会及历史教师中持这类认知的还为数不少。那么，他们凭什么说"新中国成立以来，中学历史教材有关抗日战争的历史叙述是假的"？中学历史教材应怎样客观叙述抗战史？

一、新中国中学历史教材中的抗战史是假的吗

第一，新中国成立至改革开放前，人教版初级中学历史课本中的抗战史的述评变化不大，其最大特征就是突出中国共产党领导全国人民在抗战中的伟大作用，揭露国民党压制中国共产党领导人民抗战和反共反人民的本质。

---

① 本文发表于人民教育出版社《中小学教材教学》2017 年第 2 期。

人民教育出版社初级中学课本《中国历史》第四册1956年版目录
第二编 第二次国内革命战争
　第七章 中国红色政权的建立
　　第一节 井冈山革命根据地的建立
　　第二节 土地革命和三次反围攻的胜利
　第八章 中国人民反抗日本帝国主义侵略东北和上海的斗争
　　第一节 东北的沦陷和人民的抗日斗争
　　第二节 上海的抗日战争
　第九章 中国工农红军的长征
　　第一节 革命根据地的建设
　　第二节 二万五千里长征
　第十章 抗日救亡运动
　　第一节 殖民地半殖民地半封建中国
　　第二节 "一二·九" 爱国运动
　　第三节 抗日民族统一战线的初步形成
　第十一章 左翼文学运动
第三编 抗日战争
　第十二章 全国抗日战争的开始
　　第一节 全国抗日战争的开始
　　第二节 抗战初期的国民党战场和国际环境
　第十三章 中国共产党坚持抗战反对投降的斗争
　　第一节 百团大战
　　第二节 皖南事变
　第十四章 抗日战争时期的解放区和国民党统治区
　　第一节 解放区的建设
　　第二节 解放区的巩固
　　第三节 国民党统治区
　第十五章 抗日战争的胜利
　第十六章 抗日战争时期的文学

人民教育出版社初级中学课本《中国历史》第四册1958年版目录
第二编 第二次国内革命战争
　第五章 中国红色政权的建立
　　第一节 井冈山革命根据地的建立
　　第二节 四次反围攻的胜利和革命根据地的建设
　第六章 中国人民反抗日本帝国主义侵略东北和上海的斗争
　第七章 中国工农红军的长征
　第八章 抗日救亡运动
　　第一节 中华民族的严重危机
　　第二节 抗日民族统一战线的初步形成
第三编 抗日战争
　第九章 全国抗日战争的开始
　第十章 中国共产党坚持抗战反对投降的斗争
　第十一章 抗日战争时期的解放区和国民党统治区
　　第一节 解放区的建设
　　第二节 国民党统治区
　第十二章 抗日战争的胜利

人民教育出版社初级中学课本《中国历史》第四册1959年版目录
第二编 第二次国内革命战争
　第五章 中国红色政权的建立
　　第一节 井冈山革命根据地的建立
　　第二节 四次反围攻的胜利和革命根据地的建设
　第六章 中国人民反抗日本帝国主义侵略东北和上海的斗争
　第七章 中国工农红军的长征
　第八章 抗日救亡运动
　　第一节 东北抗日联军的斗争和 "一二·九" 爱国运动
　　第二节 抗日民族统一战线的初步形成
第三编 抗日战争
　第九章 全国抗日战争的开始
　第十章 中国共产党坚持抗战反对投降的斗争
　第十一章 抗日战争时期的解放区和国民党统治区
　　第一节 解放区的建设
　　第二节 解放区的巩固
　　第三节 国民党统治区
　第十二章 抗日战争的胜利

人民教育出版社初级中学课本《中国历史》第四册1964年版目录
第三编 第二次国内革命战争
　第六章 中国红色政权的建立
　　第一节 井冈山革命根据地的建立
　　第二节 土地革命和三次反围攻的胜利
　第七章 中国人民反抗日本帝国主义侵略东北和上海的斗争
　第八章 中国工农红军的长征
　　第一节 革命根据地的经济文化建设
　　第二节 二万五千里长征
　第九章 抗日救亡运动
　　第一节 东北抗日联军的斗争和 "一二·九" 爱国运动
　　第二节 抗日民族统一战线的初步形成
第四编 抗日战争
　第十章 全国抗日战争的开始
　　第一节 全国抗日战争的开始
　　第二节 抗日战争两个战场的形成
　第十一章 中国共产党坚持抗战反对投降的斗争
　　第一节 中国共产党击退两次反共高潮
　　第二节 解放区的大生产运动和中国共产党的整风运动
　　第三节 保卫解放区的武装斗争
　　第四节 国民党统治区的民主运动
　第十二章 抗日战争的胜利

　　我通过研读上述 "抗战史目录" 和相关课本内容，并没有发现什么 "假抗战史" 问题。如果说，这些历史课本有关 "抗战史" 的述评存在某些缺陷的话，那就是较多地述评了国民党（或国民政府，下同）"消极抗日，积极反共；丧师失地，一溃千里"的历史，但我们不能以此就断言这些历史述评是假的。实际上，这些历史课本也在一定程度上客观描述了国民党爱国将领的抗战事迹。如：在"中国人民反抗日本帝国主义侵略东北和上海的斗争"中，描述了"一二·八"事变中，驻守上海的十九路军与上海人民一道坚决还击日军侵略的英勇事迹；北方国民党爱国将领冯玉祥、方振武等与共产党员吉鸿昌组建民众抗日同盟军英勇抗击日军侵略的英勇事迹；南方福建的十九路军联合国民党的李济深等爱国分子要求抵抗日本侵略。在"抗日民族统一战线的初步形成"中，叙述了国民党爱国将领张学良、杨虎城发动的"西安事变"，促使蒋介石同意"停止内战，联共抗日"，促进了抗日民族统一战线的初步形成。

第二，20世纪八九十年代的中学历史教材中的抗战史的述评，在坚持突出中国共产党领导全国人民在抗战中的伟大作用，揭露国民党压制中国共产党领导人民抗战和反共、反人民本质的同时，也用了较大篇幅叙述了国民党和国民党爱国将领英勇抗战的事迹。其中，尤其以1987年版最为明显。

实事求是地说，人教版初级中学课本1980年版关于国民党抗日的述评与改革开放前的课本相比变化不大，但1987年课本则变化很大。其主要表现在三个方面：一是课本目录在1980年版的基础上特意增加了"日军全面进攻和国民党的抗战"一节，删除了"反对国民党投降反共的斗争"和"四大家族的黑暗统治"的表述。二是课本内容大幅叙述了国民党抗战史实，主要包括国民政府发表抗战声明，决心"实行自卫，抵抗暴力"；召开国防会议，制订作战计划，划分战区，组织对日作战；组织淞沪会战、保卫南京、太原会战、徐州会战、武汉会战、南昌会战、长沙保卫战、枣宜会战、中国远征军入缅作战、豫湘桂战役等；国民党爱国将领英勇抗战的事迹：如淞沪会战中宝山县城五百官兵坚守阵地两昼夜全部壮烈牺牲，谢晋元团长率八百壮士坚守四行仓库四昼夜，李宗仁指挥徐州会战取得了台儿庄战役的胜利，南昌会战中二十军军长陈安宝腹部中弹殉国，枣宜会战中第三十三集团军总司令张自忠为国壮烈牺牲等。三是全面展现了全民族抗战，增加了"爱国华侨支援抗日战争"和"世界人民支持中国人民抗战"两目，简介了华侨领袖陈嘉庚、司徒美堂，援华医生白求恩和柯棣华等人的英勇事迹。

第三，21世纪初新课程改革以来，初中"抗战史"教学课时（仅保留3课时）中国共两党与全民族抗战内容方面均有大幅缩减。究其原因，《全日制义务教育历史课程标准（实验稿）》给出的解释是："避免专业化、成人化倾向，克服重知识、轻能力的弊端，不刻意追求历史学科体系的完整性。课程内容的选择应体现时代性，符合学生的心理特征和认知水平，减少艰深的历史理论和概念，增加贴近学生生活、贴近社会的内容"和"改变'难、繁、偏、旧'的现象"。① 其具体"内容标准"主要包括九一八事变、西安事变、七七事变、南京大屠杀、血战台儿庄、百团大战、中共七大和抗日战争胜利等主要史实。人教社课程教材研究所、历史课程教材研究开发中心的编者，依据"新课标"要求，将其整合为"难忘九一八""宁为战死鬼，不作亡国奴""血肉筑长城"三课，较好展现了国共两党和中华民族的抗战。如在"血染卢沟桥"一目中，描述了二十九军金振中营在反击日军进攻中几乎全部战死卢沟桥头；在抵抗日军进攻平津战役中，二十九军副军长佟麟阁、一三二师长赵登禹先后为国捐躯。

二、有关中学历史教科书"抗战史"的若干思考

1. 中学历史教科书必须体现国家意志问题

中学历史教材看似简单，实际上其编撰出版是一项复杂严密的系统工程。新中国中学历史教科书的编撰与出版使用，仅在过程上就得经历《历史教学大纲》或《历史课程标准》草拟、调研、修订、审议、修订、定稿和正式出版发行；教科书编者再依据《历史教学大纲》或《历史课程标准》编撰出历史教材初稿，然后进行实验、调研、修订，再提交给"全国中小学教材审定委员会"和"教育部国家基础教育课程教材专家工作委员会"及有关部门的反复审议与编者的反复修订，才能正式出版发行使用。这样反复打磨出版的中学历史教科书（课本）怎么可能是假的呢？无论是《历史教学大纲》《历史课程标准》，还是历史教科书，都深深打上了政治烙印，从而导致了"假抗战史"。不错，新中国成立以来的《历史教

① 中华人民共和国教育部制订. 全日制义务教育历史课程标准（实验稿）［M］. 北京：北京师范大学出版社，2001：2－3.

学大纲》《历史课程标准》和中学历史教材的编撰确实必须体现国家意志，存在着种种政治考量、国家和民族利益的考量等，但这并不意味着抗战史是假的。2004 年中央文献研究室资深研究员、教育部全国中小学教材审查审定委员会张诚先生曾强调说："中学历史教材与教学不是纯粹的学术行为，我们要时刻注意自觉体现国家意志和政府行为。"①

　　事实上，中学历史教育必须服从、体现国家和政府意志，古今中外概莫能外。其中，政治是直接影响、制约教育的重要因素，其制约作用"波及教育的一切方面"②。"史政性于历史学科自然不可或缺，这一点中外皆然。从某种程度上讲，现代公民具备什么样的历史观，将会深深地影响现代国家的政治走向。因此，几乎每一个国家都确立了蕴含明确国家意识形态的中小学历史教学纲要或者课程标准。"③ 正如马克思和恩格斯在回答资产阶级用社会教育代替家庭教育时说："难道你们的教育不是由社会决定的吗？不是由你们借以进行教育的那种社会关系决定的吗？不是由社会通过学校等等进行的直接的或间接的干涉决定的吗？"④ "实际上，国家的真正的'社会教育作用'就在于它的合乎理性的社会的存在。国家本身教育自己成员的办法是：使他们成为国家的成员，把个人的目的变成大家的目的，把粗野的本能变成道德的意向，把天然的独立性变成精神的自由；使个人和整体的生活打成一片，使整体在每个个人的意

---

① 陈其. 中国教育学会历史教学专业委员会第六届理事会 2003－2007 年度工作总结和汇报，人民网.
② 叶澜. 教育概论［M］. 北京：人民教育出版社，1991：146.
③ 薛伟强. 中学历史学科特质述论［J］. 历史教学，2016（1）.
④ 马克思恩格斯论教育. 马克思，恩格斯. 共产党宣言. 北京：人民教育出版社，1958：154.

识中得到反映。"① 美国历史学家洛温在《老师的谎言：美国历史教科书中的错误》一书中，以大量具体事例揭示了美国历史教科书不惜用"谎言"和"错误"，将历史人物塑造为英雄神话的过程。② 列宁也曾明确指出："在国民教育方面也是这样，资产阶级国家愈文明，它就愈会撒谎""事实上，学校完全变成了资产阶级统治的工具，浸透了资产阶级的等级思想，它的目的是为资本家培养恭顺的奴才和能干的工人。"③ 所以，"任何政府都需要维护自己国家和民族历史的正面形象，以此凝聚民族精神和塑造公民文化，其间某些曲笔不可避免。"④

2. 新中国成立以来中学历史教科书"抗战史"的真实性问题

一些历史教研员、历史教师及一些社会人士之所以说中学历史教科书中的"抗战史"是假的，原因虽然多样，但有一点是共同的，那就是新中国成立至20世纪90年代的历史教科书（课本）受国家意志和政治影响，重在突出中国共产党领导全国人民坚持抗战的事迹和中流砥柱作用，而没有全面反映国民党在抗战中的作用，甚至不忘突出国民党"消极抗日，积极反共；丧师失地，一溃千里"等负面形象。这虽符合当时中学历史教科书编撰事实，但据此就断言"新中国成立以来，中学历史教材有关抗日战争的历史叙述是假的"，就显得武断。有关中国共产党领导全国人民坚持抗战的事迹和所起

---

① 马克思恩格斯论教育. 马克思. 第179号"科伦日报"社论. 北京：人民教育出版社，1958：58.

② 参见 [美] 詹姆斯·洛温. 老师的谎言：美国历史教科书中的错误 [M]. 马万利，译. 北京：中央编译出版社，2009.

③ 上海师范大学教育系编. 列宁论教育. （列宁《在全俄教育工作第一次代表大会上的演说》1918年8月28日），北京：人民教育出版社，1979：118.

④ 中华人民共和国教育部制订. 全日制义务教育历史课程标准（实验稿）[M]. 北京：北京师范大学出版社，2001：2-3.

的中流砥柱作用，近年已有不少研究成果，无须我展开论证。这里，我想就国民党"消极抗日，积极反共；丧师失地，一溃千里"的真假略谈一下自己的认识。

从 1931 年"九一八事变"到 1945 年 9 月 3 日抗日战争结束，说国民党"消极抗战，积极反共；丧师失地，一溃千里"，并没有冤枉。

第一，说国民党"消极抗日，积极反共"，是基本符合历史史实的。这里只是说国民党"消极抗日"，并没有说它不抗日，而是说它抗日态度不坚决，抗日行为不积极主动，甚至有大批国民党官员与军队投降日本帝国主义，并充当日本侵略中国的帮凶。

以"九一八事变"与东北三省沦亡为例，当今史学界总有人纠结于蒋介石是否存在或下达过"绝对不抵抗命令"，其实意义不大。因为，早在 1931 年"7 月 12 日，朝鲜反华侨事件发生后，蒋介石自江西致电张学良，略谓：若发生全国的排日运动，恐被共产党利用，对中日纷争会更加纷乱，故须抑制排日运动，宜隐忍自重，以待时机。张复电同意努力隐忍自重，勿使日本乘其间隙。"①9 月 6 日令："无论日人如何寻事，须万分容忍，不与抵抗，以免事态扩大。"②事实亦是如此，正因为国民政府旗下的张学良的军队在"九一八事变"后没有积极组织有效抵抗，东北三省不到半年沦亡。

或许有人会说，"七七事变"后，在全国抗日战争期间，国民党军队肩负着正面战场的抗日作战，共组织了 22 次大会战，死伤军队百万计，怎么能说其"消极抗日"呢？消极抗日与积极抗日，是两

---

① 张友坤，钱进主编. 张学良年谱：上［M］. 北京：社会科学文献出版社，1996：563.

② 张海鹏主编，杨奎松著. 中国近代通史（第 8 卷）·内战与危机（1947－1937）［M］. 南京：江苏人民出版社，2009：247.

种不同抗战态度、政策与行为。我们应该承认国民党在八年抗日战争中、特别在正面战场的抗战中发挥了重大作用，但这并不等于其抗战的态度、政策与行为是积极主动的。就是一直对蒋介石和国民党持肯定评价的黄仁宇在系统研究"蒋介石日记"之后，也不得不承认："从现已公布之蒋日记看来，淞沪地区作战无全盘计划。"即使到 1938 年抗战进入相持阶段后，黄仁宇仍然"断言蒋介石对日作战无全盘计划，只有一般概念"①。

至于以蒋介石为首的国民党在全国抗战期间如何"积极反共"，史实很多，不过多举证。仅就 1945 年 8 月，美苏根据《雅尔塔协定》对日发动大规模全面反攻之际，作为中国战区最高司令的蒋介石于 8 月 11 日发布的三道命令就很能说明问题。

一、命令国民党军前线各部队"对敌放弃要点，应即派部队进驻"，"距敌较远之部队，应察状况可能向前推进"，"对于敌人遗留之武器弹药材料财物，必须派兵严为看管"，而共产党武装"如有争夺城镇，妨害我之行动，应断然剿办为要"；

二、命令各沦陷区伪军"应就现驻地点负责维持地方治安，保护人民。各伪军尤应乘机赎罪，努力自新，非本蒋委员长命令，不得擅自移动驻地，并不得受未经本委员长许可之收编"；

三、命令第十八集团军（八路军）总司令朱德、副总司令彭德怀"应就原地驻防待命"。②

从以上三条命令我们可以明白看出：首先，蒋介石只要求国民

① 黄仁宇. 从大历史的角度读蒋介石日记［M］. 北京：九州出版社，2008：135，152.

② 王树增. 解放战争（上）第一章 青春作伴好回乡. 北京：人民文学出版社，2009. 相关内容还可参见《毛泽东选集》第四卷《蒋介石在挑动内战》，北京：人民出版社，1991：1137－1140.

党前线各部队"对敌放弃要点，应即派部队进驻""距敌较远之部队，应察状况可能向前推进"，没有指示国民党军队向日军发动大规模反攻的命令；相反，他要求国民党军队对中国共产党的武装"如有争夺城镇，妨害我之行动，应断然剿办为要"。其次，蒋介石令已经投降日本自己没有管辖权的伪军在"现驻地点负责维持地方治安，保护人民。"原因何在？一是不少伪军源于国军；二是此时蒋介石的部队龟缩于西南一隅，无法跑到日占区去接受地盘；三是防止伪军向共军投降，"本蒋委员长命令，不得擅自移动驻地，并不得受未经本委员长许可之收编"。再次，命令八路军"应就原地驻防待命"，严禁坚持敌后抗日的八路军大规模反攻日军。可见，抗战以来，以蒋介石为首的国民党始终没有改变消灭共产党的目标，即使是在日军即将投降之际，蒋介石依然表现为消极抗日、积极反共。

第二，从1931年"九一八事变"开始，国民党政府先后丢失了东北、华北、华东、华南、华中大片国土，这难道不是历史史实？即使到1944年世界反法西斯战争展开全面反攻之时，国民党军队在豫湘桂大会战中依然大败，损失了五六十万军队，丢失了豫湘桂粤闽等省20多万平方公里的国土，146个城市。说他"丧师失地，一溃千里"，这难道是冤枉？

这里，我反复论说从1931年"九一八事变"到1945年9月3日抗日战争结束国民党"消极抗战，积极反共；丧师失地，一溃千里"，其旨在回应"新中国成立以来，中学历史教材有关抗日战争的叙述是假的"的错误认知，并无意要求当今中学历史教科书编撰和中学历史教学恢复到改革开放前的"抗战史"体系。不过，值得我们思考的是：当今中学历史教科书，只讲国共两党和全民族英勇抗日，而对国民党"消极抗日，积极反共"只字不提，未必就完全妥当。因为，我们据此很难全面正确理解一个小小的日本为何能横扫中国且侵占中国长达 14 年之久？很难全面正确理解抗战结束后不久，合作抗日的国共双方就爆发全面内战？很难理解拥有全副美械装备的国军将士，为何被小米加步枪的共产党军队打得一败涂地而迅速丧失政权？这实在不合情理，且令人百思不得其解呀？我们必须明白，冰冻三尺，非一日之寒。如何科学正确编撰与讲授"抗战史"，值得我们每一个历史教育工作者深入研究与探索。

新课程改革趋势与问题①

　　新一轮课程改革已走过十年，回顾十年新课改历程，我们既取得了丰硕成果，也面临许多亟待深入研究、探索与解决的问题。未来十年新课程改革发展趋势是什么？我们应主要解决哪些所面临的重大问题？现择要谈谈自己的一管之见。

一、改革与贯彻基础教育教学评价体系将成为进一步推进新课程改革的关键

　　改革基础教育教学评价体系是新课程改革的重要组成部分，也是能否进一步推进新课程改革并取得实效的关键。教育功利化一直是制约中国教育功能充分实现的顽疾。"升学率"与"升入名校率"几乎成了当今中国基础教育的全部追求，这是中国每个教育工作者都无法回避且必须勇于面对的现实。

　　十年新课程改革，虽然使不少教育工作者和社会有识之士在教

---

① 本文于 2011 年 11 月撰写于株洲市第四中学，是为了解决全国教育规划课题"城乡结合部普通高中艺术教育特色可持续发展实践研究"（课题批准号：GHB093170）特色课程开发问题而作。本文曾摘要发表于教育部基础教育课程教材发展中心主编的《基础教育课程》2011 年第 12 期中的"观点集萃之课程发展"。

育理念上发生了很大改变，"一切为了每一个学生发展"似乎成了各级政府和教育行政部门领导、学校教育管理者和广大教师的口头禅和所追求的终极目标。然而，在我看来，那只是一种教育应景。"轰轰烈烈搞课改，扎扎实实抓应试"，这才是制约当今中国基础教育新课程改革深入发展所面临的最大最真实的问题。这种教育真实，无须多方求证，只要我们深入观察和思考每年从小学到大学的激烈招生大战，就什么都清楚了。

十年新课程改革，从理论上来说，中国基础教育评价体系无论在理念上，还是在操作方案上，确实发生了很大变化。然而，"小升初""中考""高考"（统称两考）作为当今中国基础教育主旋律，始终没能摆脱其"功利性"。这既有来自社会民众的巨大压力，也有来自各级政府领导、教育行政主管部门对办学"政绩"的追求。因此，没有任何中小学领导和教师敢置"升学率"和"升入名校率"于不顾，真正去追求"一切为了每一个学生发展"的素质教育。于是，有的学校将"素质教育"仅仅停留在形式上的课外活动；有的学校则"隔岸观火"；有的学校的素质教育，表面上"红红火火"，实际上"后院着火""黑灯瞎火"。新课程所设计的"一切为了每一个学生发展"的种种课程（包括必修与选修），因不进入"升学考试"范围，或流于形式，或名存实亡，或根本置之不理取消了事。

因此，改革中国基础教育教学评价体系，既需要从理论层面上深入研究与探索，更需要从法律与制度层面进行深入研究与探索，为切实推动各级政府和教育行政部门领导、学校教育管理者，从思想上真正牢固树立素质教育观，坚决摒弃"升学率"为王的教育思想，从实际行动上坚决抵制来自各方面的压力，坚决贯彻落实党和国家的教育方针，为科学评价中国基础教育教学，提供法律与制度保障。不建立科学的中国基础教育教学评价体系，并持之以恒、赏罚分明地贯彻执行，新课程改革目标就难以真正全面实现。

二、特色学校与特色课程建设将成为新课程改革与发展中的一道亮丽风景

曾有不少人问我："当今对中国基础教育发展贡献最大的是哪些学校？"我开玩笑回答说："是那些升学率不高，且有自己办学特色的学校。"我之所以这样回答，并不是否认名牌学校、示范性（重点）学校为发展中国基础教育和培养人才所做出的巨大贡献，而是为纠正我们在教育认识上的误区。

在教育功利化大背景下，追求"升学率"、追求"升入名校率"是中国民众的普遍心理。为此，学生家长想方设法，乃至不惜重金竭尽全力将子女挤进"名校""重点学校（示范性学校）"，而"名校""重点学校（示范性学校）"为保住自己声誉，也在不断绞尽脑汁、处心积虑地挖招优秀学生。这样，那些升学率不高的一般性学校自然没有优秀生问津，所面临的办学压力与困难也越来越大。为形势所迫，一般性学校不得不根据自身历史与现实条件，向社会和学生祭出"特色牌"，为自身生存谋得一席之地。

表面上看，那些升学率不高的学校向社会和学生打出"特色牌"，似乎是出于生存压力的无奈之举，但"特色学校"与"特色课程"建设必将成为基础教育新课程改革与发展中的一道亮丽风景。原因何在？一是"特色学校"通过"特色课程"将不少被名校、示范性（重点）学校所遗忘的学生培养成才，使他们考入自己所理想的学校，甚至还有少量学生在教师精心培养与呵护下，其"特色课程"学业成绩还优于名校、示范性（重点）学校同类学生。二是"特色学校"通过"特色课程"为中国社会发展培养了大批合格、甚至优秀的劳动人才大军。什么是人才？难道只有考上普通大学甚至于名牌重点大学的人才是人才？古今中外，各行各业，有多少有作为的人不是大学毕业？有多少杰出人才，不是名牌大学毕业？当今中国劳务市场，不是缺大学生、研究生，而是缺优质、合格的劳动技术工人。三是"特色学校"是在"升学率"压迫之下，依据自己的生源基础与"特色课程"，大胆进行教育教学改革，不断创新教育教学理念，逐步形成了自己的办学风格与特色，并以自己的个性而挤入"名校"之列。这就在一定程度上满足了不同家长、不同学生的学习需求；在一定程度上满足了社会对教育发展的不同需求。

中国基础教育新课程改革是一项系统复杂的工程，未来需要研究与探索的问题还有很多。如新课程三维目标的实现与教师的教学方式、学生的学习方式、教科书的编写方式之间的关系问题，新课程设计与高考科目设计科学协调问题，新课程设计与学生课业负担科学协调问题，新课程科目设计与师资科学配置协调问题，新课程模块结业与省级学业水平测试科学协调问题等，都有可能成为未来新课程研究与探讨的热门话题。

城乡结合部普通高中
艺术教育特色可持续发展实践研究^①

　　"艺术特色学校建设"是一项责任重大而又复杂的工程。为确保"城乡结合部普通高中艺术教育特色可持续发展实践研究"目标的实现，株洲市第四中学开发了"艺术特色学校建设"校本课程系列教材。

　　为确保"艺术特色学校建设"校本课程开发指导思想在株洲市四中"艺术特色学校建设"校本课程系列教材开发中得到充分贯彻落实，今年以来，我们主要做了以下几个方面的工作。

　　第一，成立了以课题主持人姜野军为顾问，以国家基础教育课程教材专家工作委员会委员汪瀛为总主编，以各学科特级教师和教研组长为主编和编委的株洲市第四中学"艺术特色学校建设"校本课程开发核心小组，从而为本校本课程的开发奠定了坚实基础。

　　第二，科学制订了《株洲市第四中学"艺术特色学校建设"校本课程系列开发方案》。要求各学科在开发"艺术特色学校建设"校本课程系列教材的过程中，必须严格遵守中华人民共和国的法律政策，严格遵循中华人民共和国的国家课程计划和各学科课程标准

---

① 本文发表于全国教育科学"十一五"规划普通高中特色学校研究专项课题《科研简报》，2010 年第 3 期（总第 3 期）。"普通高中特色学校研究专项课题"秘书处、中央教育科学研究所科研管理处编印。

的相关要求。

第三，各学科在开发"艺术特色学校建设"校本课程系列教材的过程中，紧扣"城乡结合部普通高中艺术教育特色可持续发展实践研究"这一研究主题；以素质教育观为指导；以高中学生的年龄特征和心理发展水平为依据，科学构建有利于学生学习的校本课程，注意从学生的实际出发，文字叙述力避晦涩艰深和空洞说教，做到简洁明了、通俗易懂、形象生动、图文并茂；充分体现了现代教育理念，以学生为本，重视对学生思维能力的培养，突出创新能力。

第四，体例上实行"求同存异"原则。"求同"，就是"艺术特色学校建设"校本课程系列教材在宏观体例上应有其共同之处。"存异"，就是各学科编写成员要注意研究吸收本学科不同版本教材在编写体例上的优长，推陈出新，创设自己的体例"特色"，从而确保所编写"艺术特色学校建设"校本课程系列教材体例活泼、丰富多彩，并具有弹性。

第五，内容选择上面向全体学生，突出"艺术教育特色可持续发展"。重点是揭示本学科知识的艺术内涵，或运用本学科知识阐析相关艺术问题，借以启迪学生的智慧和思想，关注人的灵魂和人类文明。同时，坚持做到有利于转变学生的学习方式，为学生探究学习创造条件，把对学生思维方法和能力的培养落到实处。

第六，目前我们已经基本开发出《读书谈艺》（语文）、《数学中的艺术美》《英语的艺术陶冶》《探寻物理之美》《化学与艺术》《生命之美》（生物）、《哲学漫画哲学》（政治）、《艺术风流人物》（历史）、《地球之美》（地理）、《数字图形设计艺术》（信息）、《通用技术中的美学》（通用技术）、《装饰剪贴画》（美术）、《合唱指挥》（音乐）、《舞动人生》（音乐）。其中，《艺术风流人物》《英语的艺术陶冶》已在 2010 年下学期开始供学生选修，深受学生欢迎。

艺术教育特色学校建设校本课程的研发①

　　出于弘扬学校传统，也为了进一步增强学校的办学特色，经学校申报上级批准，株洲市第四中学有幸承担了全国教育科学"十一五"规划 2009 年度教育部规划课题《城乡结合部普通高中艺术教育特色可持续发展实践研究》。根据课题组分工，我负责课题中的"艺术教育特色学校建设校本课程"的研发与实施工作。从 2010 年上期开始，我引领全校教师就艺术特色学校建设中的校本课程研发与实施做了大量工作，取得了较好的成果。

一

　　"开展特色教育、接受市场检验是学校发展的必然趋势，特色教育从本质上讲就是以学校为本的教育，需要以独特而鲜明的教育哲

---

①　本文发表于《长沙铁道学院学报》（社会科学版）2011 年第 2 期。发表时有删改。是全国教育规划课题"城乡结合部普通高中艺术教育特色可持续发展实践研究"（课题批准号：GHB093170）特色课程开发研究成果。

学为理念基石，以创新的课程体系为载体。"① 那么，怎样成功研发出具有株洲市四中"艺术教育特色学校建设"校本课程，并有力促进学校艺术特色建设？这里，我们必须首先明确什么是艺术特色学校。因为"理念确立有助于确定校本课程开发的方向，凝聚教育合力，形成学校特色。"② 我们研究认为，所谓艺术特色学校，就是一所学校依据自己的办学哲学，通过长期不懈的努力而形成的一种稳定的独特的学校艺术文化，并主要通过学校精神、校园文化、学科建设、人才培养、专业建设、课程建设、师资建设、管理模式等方面表现出来。这种稳定的独特的学校艺术文化，相对于其他学校文化，那就是他无我有、他有我优。也就是说，株洲市四中艺术特色学校建设，不能仅仅局限于艺术生的培养，而应将艺术教育渗透到学校精神、校园文化、学科建设、人才培养、专业建设、课程建设、师资建设、管理模式等方面。因此，"艺术教育特色学校建设"校本课程的研发与实施，不仅是艺术教师的事，而是整个学校领导和师生的事。

如何引领全校各学科研发与实施具有株洲市四中艺术教育特色的校本课程？我们通过深入调研，除制定《株洲市第四中学"艺术教育特色学校建设"校本课程系列教材开发方案》，组建"株洲市四中艺术特色校本课程开发委员会"，研究选定各学科主编和基本成员外，特别要求所有研发人员，在研发株洲市四中"艺术教育特色学校建设"校本课程过程中，必须坚持贯彻和落实如下基本要求：

第一，所研发的株洲市第四中学"艺术教育特色学校建设"校

---

① 靳玉乐主编. 校本课程开发的理念与策略［M］. 成都：四川教育出版社，2006：209.

② 陈旭远主编. 新课程新理念——基础课程改革通识培训教材［M］. 东北师范大学出版社，2002：234.

本课程，必须全面贯彻党的教育方针，全面推进素质教育，在此基础上依据株洲市四中教育教学理念，开发出符合株洲市四中"艺术教育特色学校建设"需要的校本课程。

第二，各学科在开发"艺术教育特色学校建设"校本课程过程中，必须严格遵守中华人民共和国的法律政策，"依据国家的教育方针、国家或地方课程计划、学校教育哲学、学生需求评估以及学校课程资源，……充分尊重和满足学校师生的独特性和差异性，特别是使学生在国家课程和地方课程中难以满足的那部分发展需要得到更好的满足。"① 必须以高中学生的年龄特征和心理发展水平为依据，科学构建有利于学生学习的校本课程。

第三，课程编排体例坚持"求同存异"。所谓"求同"，就是"艺术教育特色学校建设"校本课程各学科课程（教材）在宏观体例上应有其共同之处。如统一设计标有"株洲市第四中学艺术教育特色学校建设校本课程·某学科（学科名）"的封面，每种校本教材前面统一印制"编委名单""序言"及各学科的"卷首语""编写说明"等。所谓"存异"，就是各学科编写人员，要注意研究吸收本学科不同版本教材在编写体例上的优长，推陈出新，创设自己的体例"特色"，"尽量考虑学生的年龄特征、兴趣特长和认知水平""为创造性教学留有余地""把知识与技能、过程与方法、情感态度与价值观反映在主题和内容的编排中"②。在课型上，各科所研发的校本课程，可以是常规的课堂教学型，也可以是课外活动型，或两者混合型。

---

① 朱慕菊主编. 走进新课程——与课程实施者对话［M］. 北京：北京师范大学出版社，2002：197.
② 朱慕菊主编. 走进新课程——与课程实施者对话［M］. 北京：北京师范大学出版社，2002：220.

第四，内容上应突出"艺术教育特色可持续发展"。"校本课程开发的内容是校本课程开发的关键，它直接体现着校本课程开发的理念和目的""体现学校培养人才的蓝图，离开了课程这个中心，谈论学校教育目标和培养目标的实现只不过是一句空话。"① 因此，作为"艺术教育特色学校建设"的校本课程研发，各学科就必须紧扣"艺术教育特色可持续发展"这一主题选择编写校本课程内容，并从"艺术"的角度发掘和阐释本学科知识，或揭示本学科知识的艺术内涵，或运用本学科知识阐释相关艺术问题，如物理学中的力学与光学艺术、艺术所包括的化学知识、漫画与诗歌中的哲学原理等。

第五，关注人的灵魂和人类文明，启迪学生智慧和思想。"课程从本质上说，是人类科技文化和经验的结晶。""一方面为学生的身心发展提供必要的基础知识，形成基本能力，另一方面为他们身心的发展创设一定的条件，让他们主动探索、体验，学会适应社会生活，形成创造力，促进他们情感、兴趣和爱好的发展。"② 因此，各学科研发的校本课程，应通过种种"艺术美"，唤起学生对"美"的向往，激发学生学习本学科的兴趣，增强学生的学习动力，帮助学生形成良好的艺术修养、健全的人格和健康的审美情趣，确立积极进取的人生态度、坚强的意志和团结合作的精神，增强承受挫折、适应生存环境的能力，并进一步促进学生树立正确的世界观、人生观和价值观。

第六，注意从学生的实际出发。现代课程观认为："课程是受教育者各种自主活动的总和"；"强调以学习者的兴趣、需要、能力、

---

① 陈旭远主编. 新课程新理念——基础课程改革通识培训教材［M］. 东北师范大学出版社，2002：228.
② 陈旭远主编. 新课程新理念——基础课程改革通识培训教材［M］. 东北师范大学出版社，2002：5-6.

经验为中介实施课程"；"强调活动是人的心理发生发展的基础，重视学习活动的水平、结构、方式，特别是学习与课程各因素的关系"①。因此，所研发的株洲市四中"艺术教育特色学校建设"校本课程，必须面向全体学生，既要使所有选修的学生能达到基本要求，即使是那些学习能力较差的学生也要学有所得，又要为那些学有余力的学生留有足够的自学和思考的余地，使他们脱颖而出。同时，各学科所研发的校本课程，要充分体现现代教育理念，以学生为本，注意转变学生的学习方式，为学生探究学习创造条件，把对学生思维方法和能力的培养落到实处。

正由于我们研究制定和贯彻了《开发方案》，经过全体研发人员两个学期的研究、开发和实施，我们终于成功地开发出具有株洲市四中"艺术教育特色学校建设"的校本课程。

二

一年多时间的株洲市四中"艺术教育特色学校建设"校本课程的研发与实施、调研与修改过程告诉我们，"艺术教育特色学校建设"校本课程的研发与实施，除坚持课程研发必须遵循的科学性原则、基础性原则、时代性原则、导向性原则、过程性原则、统整性原则、发展性原则、适宜性原则等常规性原则外，还应注意坚持贯彻落实如下原则：

第一，以学生发展为本原则。

"'一切为了每一位学生的发展'是新课程的最高宗旨和核心理

---

① 陈旭远主编. 新课程新理念——基础课程改革通识培训教材［M］. 东北师范大学出版社，2002：4.

念。"① "艺术教育特色学校建设"校本课程研发与实施作为学校特色建设的一个重要途径,应尊重学生实际需要,以学生发展为本。具体而言,一是尊重学生的主体差异。学校领导与教师应以加德纳的多元智能为指导,从学生的基本特点出发,多学科多角度研发与实施"艺术教育特色学校建设"校本课程,"帮助学生发现适合其智能特点的职业和业余爱好,从而使他们能更好地投入到自己的事业之中",② 为本校学生的个性发展提供保障,并逐步形成本校的课程特色和教育特色。二是"艺术教育特色学校建设"教育要回应社会对教育发展要求的客观要求。学校领导和教师应把握社会发展的趋势,准确解读社会对人才的要求,并把这些要求反映在学校的课程设置上,从而使学生得到充分的、和谐的、有特色的发展。三是学校领导和教师,在招生和办学过程中,向社会、家长和学生公开自己的"艺术教育特色学校建设"办学理念与追求,不能凭自身好恶,而不顾学生的意愿,打着"艺术教育特色学校建设"的旗号剥夺、损害学生的权利,造成学生身心的损伤。

第二,文化积淀选择原则。

《中国教育改革和发展纲要》提出:"中小学要由'应试教育'转向全面提高国民素质的轨道,面向全体学生,全面提高学生的思想道德、文化科学、劳动技能和身体心理素质,促进学生生动活泼地发展,办出各自的特色。"问题是校本课程研发者所在学校究竟要办出什么样的特色?或者选择什么"项目"作为学校特色建设的目标?这里需要考虑的因素很多,但具有决定意义的应是这所学校的

---

① 朱慕菊主编. 走进新课程——与课程实施者对话 [M]. 北京:北京师范大学出版社,2002:120.
② 靳玉乐主编. 校本课程开发的理念与策略 [M]. 成都:四川教育出版社,2006:79.

文化积淀。因为"课程即社会文化的再生产""学术课程理应承担传递和再生产社会文化的任务"，"课程编制就是文化选择的过程"①。《纲要》"要求学校内各成员必须认同及分享以下的价值取向：强调学习、珍惜互助及合作、接纳不同专业意见的表达、重视相互参考及支持、愿意妥协。"② 学校的文化积淀，特别是显性文化的积淀，应包括学校特色文化建设的人力资源和物质资源。从人力资源的角度来看，最主要是要有一批开展特色文化建设活动的教师。缺少特色文化建设的教师资源，要建设一所特色学校无异于无本之木、无源之水。物质资源虽然很重要，但在今天信息技术如此发达，教育经费相对宽裕的情况下，解决起来就会相对容易一些。株洲市四中之所以选择"艺术教育特色学校建设"作为学校的发展方向与目标，就是因为我们拥有良好的"艺术教育"的文化积淀。

第三，优化与内涵发展原则。

"地方课程和校本课程的设置，其目的就是要弥补单一国家课程的不足，发挥地方和学校的资源优势与办学积极性，满足不同地区、学校和学生的不同需求与不同特点，使整个基础教育课程体系既能促进国民共同基本素质的提高，又能促进学生个性的健康和多样化发展。"③ "特色学校建设"校本课程研发，既改变了传统课程简单划一的格局，又有利于学校优化自己的资源配置，走内涵发展的道路。一是"他无我有"。特色是相对而言的，这一点决定了特色校本课程研发应主要关注基础性课程之外的校本课程。这些课程的设置

---

① 靳玉乐主编. 校本课程开发的理念与策略［M］. 成都：四川教育出版社，2006：12.

② 严先云编著. 新课程实施与教学创新［M］. 海南出版社，2003：4.

③ 朱慕菊主编. 走进新课程——与课程实施者对话［M］. 北京：北京师范大学出版社，2002：218.

更多依赖于学校教师、学生的特点、特长。因为,教师的专长和课程开发的技能技巧,"可决定他们能有效地进行何种课程的开发","可决定他们适合哪些层次和环节的课程开发"。学生已经形成的群体优势能力、课程选择和反馈能力,"使学生在校本课程开发中成为积极的参与者和推动者,而不是旁观者和被动的接收者。"① 二是"他有我优"。如艺术教育各学校都有,在这种情况下,株洲市四中如何彰显出自己"艺术教育"特色呢?我们的校本课程研发目标,就是帮助学生形成基础扎实、视野开阔、修养高雅、健康向上、后续力足,具有"勤、和、智、艺"特色的株洲市四中学生形象。要实现这一目标,就必须发挥自己的资源优势,将"艺术教育特色学校建设"内化到日常教育教学之中,内化到"艺术教育特色学校建设"课程的研发与实践之中,走内涵式发展之路。

第四,艺术熏陶与潜移默化原则。

"艺术教育特色学校建设"校本课程的研发与实施,并不等同于艺术教育本身,其主旋律仍然是各学科教育教学,但必须有意识地渗透艺术教育因子,从而达到用艺术滋润心灵,塑造学生人格的效果。因为"学习并不是个体对外在事物的机械性的反应,而是主体和外在环境交互作用的结果。"环境,尤其是社会文化环境有着重要作用。"个人思维发展的方向并不是从个人思维向社会思维发展,而是由社会思维向个人思维前进,心智发展也是社会文化层面要优先于个人意识层面。"② 如我们已经研发的《化学与艺术》,就是以文学、烟花、舞台、美术等为基础,以化学知识阐释相关艺术现象,

---

① 陈旭远主编. 新课程新理念——基础课程改革通识培训教材 [M]. 东北师范大学出版社,2002:236.
② 靳玉乐主编. 校本课程开发的理念与策略 [M]. 成都:四川教育出版社,2006:77.

增进学生进一步热爱化学与艺术，引导他们进入神奇的化学殿堂，享受美妙的艺术大餐，使学生透过化学了解自然科学在社会进步和社会文明中的作用和地位，认识自然科学与社会科学的相互联系，提高学生的科学文化与艺术素养。又如《漫画与诗句中的哲学》，以漫画和诗句为切入点，以图文并茂、图文互补的形式，展示了马克思主义辩证唯物论、唯物辩证法、辩证唯物主义认识论和人生观价值观等哲学知识，并以马克思主义的基本观点和基本原理解释现实生活中的现象，将哲学与艺术有机地结合在一起，使学生在学习哲学中提升自己的艺术修养，增强欣赏漫画与诗歌的能力。

三

"艺术教育特色学校建设"课程的研发与实施，主要成效有四：

第一，有力促进了学校领导和教师"艺术教育特色学校建设"意识的提升

以质量求生存、以特色谋发展是当今中学教育发展的基本趋势。一所学校能否办出特色，首先要看这所学校的领导和全体教师是否具有特色办学意识。要成功创办一所有特色的品牌学校，必须首先培养具有特色办学意识的领导和教师。没有特色办学思想的领导和教师，就不会产生有特色的学校。只有学校领导和"教师广泛参与课程开发，学校的特色教育才能具有持久的生命力。"① 那么，一所学校的领导和教师的特色办学意识从何而来？这既需要一个艰苦的奋斗过程，又需要一个长期培育与积淀过程。我校在"艺术教育特

---

① 靳玉乐主编. 校本课程开发的理念与策略 [M]. 成都：四川教育出版社，2006：209.

色学校建设"课程的研发与实施过程中，学校领导和教师坚持"传承·发展·特色"的办学理念，以高度的责任感和极大的热情，积极参与"艺术教育特色学校建设"课程的研发与实施。学校管理在科学、人文、和谐、规范的基础上渗透了"艺术教育"因子；教师的角色观、教学观、学生观也有机渗透了"艺术教育"因子，从而有力地增强了学校领导和教师"艺术教育特色学校建设"的办学意识，为我校"艺术教育特色学校建设"的进一步发展奠定了坚实的思想基础。

　　第二，有力促进了学校领导和教师"艺术教育特色学校建设"校本课程研发意识的提升。

　　特色校本课程是学生个性化学习的全新渠道。在新的起点上，特色校本课程建设应该是教育创新的攻坚堡垒，是形成学校办学特色的根基和主渠道。特色校本课程绝不仅仅局限于对学校普通课程的补充，而最终将形成一套富有特色的学校课程体系，以此来扩大教育规模、提高教育质量、降低教育成本，推动高素质人才的培养。在此过程中，"教师不能只成为课程实施中的执行者，教师更应成为课程的建设者和开发者。为此，教师要形成强烈的课程意识和参与意识"。① 实事求是地说，从新课程改革实施以来，虽有种种新课程理念培训，但缺乏具体的校本课程研发实践，我们学校领导和教师还是缺乏开发校本课程意识的，更不要说将校本课程研发与创办艺术特色学校结合起来。经过"艺术教育特色学校建设"课程研发与实施，我们不仅进一步认识到校本课程开发对提升各学科教学质量的重量意义，而且深刻认识到特色校本课程的研发与实施能有力增

---

① 朱慕菊主编. 走进新课程——与课程实施者对话［M］. 北京：北京师范大学出版社，2002：127.

强学校领导和教师的特色办学意识，有力促进艺术特色学校这一品牌建设，大大扩展了学校在社会上的影响力。

第三，有力促进了学校领导和教师"艺术教育特色学校建设"校本课程研发能力的提高。

"艺术教育特色学校建设"校本课程研发，仅有校本课程研发意识是远远不够的，他"越来越需要教师具有开发本土化、乡土化、校本化的课程的能力"。① 人们常说，"实践出真知"。学校领导和教师的特色校本课程研发与实践能力，只有通过亲自参加学校特色校本课程的实际研发才能真正增强。一年多来，因"艺术教育特色学校建设"课程的研发与实施，有三分之一的学校领导与教师被强制参与其中。他们或参与课程开发方案的研究，或参与课程资源的研究与开发，或参与具体教材的研究与编写，或参与某一课程的执教实践，或参与某一课程实施情况的调研与修改等。这就有力促进了学校领导和教师"艺术教育特色学校建设"校本课程研发与实践能力的提高，十多种株洲市四中艺术特色系列校本课程的成功研发与实施就是有力的例证。

第四，进一步促进了株洲市四中"艺术教育特色学校"文化建设的发展。

"在课程改革的历史中，文化因素起着重要的作用，在现实的课程改革中，文化的影响越来越突出。"② 校本课程作为现代学校文化的重要内容，作为学校教育活动的生存方式，深刻影响着学校文化建设。然而，一所学校的特色文化建设是一个长期的积淀过程，是学校在长期教育实践中形成的具有独特凝聚力的学校精神、价值观

---

① 朱慕菊主编. 走进新课程——与课程实施者对话 [M]. 北京：北京师范大学出版社，2002：12.
② 胡定荣. 课程改革的文化研究 [M]. 北京：教育科学出版社，2005：3.

念和师生员工所认同的道德规范、行为方式等。学校文化以具有学校特色的精神形式、制度形式和物质形态为外部表现，并影响和制约着学校领导与师生的活动方式、思维方式、精神面貌与文化素养，它是一所学校持续健康发展的重要保障，是学校发展的原动力。特色学校文化建设要求学校全体教师员工形成共同的特色教育思想或理念，并落到实处。株洲市四中艺术教育特色学校建设，不仅仅是为了多培养几个艺术特长生，或在高考中多考几个艺术本科生、或重点本科生，而是为了使整个学校形成一种浓厚的艺术文化教育氛围，提升全体师生的艺术修养。由于"每一种课程定义都隐含着某种意识形态以及对教育的某种信念，从而标明这种课程最关注哪些方面"①。因此，株洲市四中"艺术教育特色学校建设"课程的成功研发与实施，有力促进了全体师生的艺术意识的提升，艺术文化知识修养的提高，进一步促进了株洲市四中艺术特色学校文化建设的发展。

---

① 施方良．课程理论：课程的基础、原理与问题［M］．北京：教育科学出版社，1996：1.

02

资源开发

课程资源是课程与教学的信息源。从资源的形态看，它包括教材、教具、仪器设备等有形物质资源，师生的知识、经验、能力等无形资源。从资源的属性看，它包括知识、技能、经验、活动方式、情感态度和价值观等素材性资源，直接决定课程实施范围与水平的人力、物力和财力等条件性资源。从资源的存在空间看，主要包括学校、社会、网络等与课程和教学相关的一切资源。

教师开发课程资源，一定要坚持从学生的实际出发、从自身的条件出发、从学校的特色出发、从社会的需要出发，做到有的放矢，力避劳而无功。教师开发课程资源的途径众多，可以是发掘教材知识与现实生产生活的联系；也可以是变换或改编教材，使教材的内容更接近学生的实际认知水平；还可以是捕捉教学过程中的生成性资源进行有效开发；或根据学生兴趣、智能特点、社会发展需要等，创造性开发出新课程。

课程资源是有限的也是无限的。之所以有限，不是所有事物都能够直接为课程教学服务；之所以无限，它取决于教师的发现、挖掘、利用。资源无限，贵在选择；资源有限，创意无穷。有限的课程资源在教师无限创意下，就能化匮乏为丰富、化平淡为精彩、化腐朽为神奇，从而生成充裕的有效的课程资源。

试论历史图画在教学中的功能①

  图文并茂，是原人教版九年义务教育初中历史教材的一个重要特点。据不完全统计，历史教材每册图画约在 300 幅以上，占教材 2/5 的篇幅，是课文内容的重要组成部分。因此，认真探讨历史图画教学的功能，就成为中学历史教师面临的一个重要课题。我认为，历史图画在教学中主要有下列七种功能：

一、激发学生学习兴趣

  兴趣是指一个人经常趋向于认识、掌握某种事物，并且有积极情绪色彩的心理倾向。它推动人们去积极汲取知识和从事实践活动，不断探索科学奥秘。初中阶段的学生一个重要特点，就是对形象、生动具体的东西倍感兴趣，而人教版新教材中的历史图画，或以浓墨重彩渲染激烈的战争场面，或以简洁的线条勾勒人物的神貌，或以严谨的构图描摹器物的形态，因此便成为引发学生兴趣的"诱饵"。在历史教学中指导学生观看课本中的图画，让学生在从容宽舒

---

① 本文原载《课程·教材·教法》1994 年第 5 期；中国人民大学报刊复印中心《中学历史教学》1994 年第 4 期全文转载。同时，本文的部分内容还以《新编历史教材图画教学探析》为题，发表在《中学历史教学》1994 年第 4 期。

中欣赏，在放松自在中评论，就会情趣盎然，思维活跃。

例如，讲授《祖国境内的远古人类》一课时，如果教师仅依靠文字叙述，既难激起学生的兴趣，也难以使学生真正理解北京人的体质特征和生产、生活状况及意义。如果教师在讲授时先提出："北京人的体质特征与现代人有何异同？""为什么说北京人是人而不是猿？""北京人是怎样生产生活的？"然后指导学生看课前彩图《北京人的生活》和课文中的《北京人头部复原像》《北京人使用的石器》《北京人用火取暖照明，烧烤食物》《北京人追逐肿骨鹿》等图画，学生思维便会活跃，议论纷纷。它不仅给学生一种身临其境的感觉，激发学生浓厚的兴趣，而且有助于学生真正理解北京人的体质特征和生产、生活情况。

当然，历史教材中的图画很多，并不是所有的图画学生一看就能发生兴趣。有些图画表面上看并不能激发起学生兴趣，但教师若作画龙点睛的讲解，情况就不同了。例如《氏族公社时代的居民》一课中的《半坡的陶器》，表面观赏是难以引发学生兴趣的。如果教师做如下讲解："左边是一个尖底瓶，它是最有特色的半坡陶器。造型呈圆锥体，口小、腹粗、底尖，便于汲水。腹部两侧各有一耳，用于穿绳子。将瓶放在水中的时候，瓶是空的，重心在瓶的中上部，所以能倒置水中；灌满水后，重心移到瓶的中下部，瓶就直立起来，便于提携。但水不能灌得太满，当水灌到瓶子口沿，瓶身的重心又移到系耳水平线上，整个瓶身会立即倾覆。它说明半坡人已经掌握有关重心的物理知识。"这样讲解不仅可以激发学生极大的兴趣和良好的探究心理，而且可激起学生的民族自豪感，有助于学生理解半坡氏族生产力的发展水平。

二、增强学生记忆能力

记忆是整个心理活动的基本条件，任何比较辨别、判断活动，都必须以头脑中已有的经验为中介，任何思维都必须借助于头脑中保持的事实与材料。在历史教学中，只有让学生记住重要的历史事件、人物及重要的时间、地点等历史基础知识，才能掌握历史发展的来龙去脉，才能对纷繁复杂的历史现象作出合乎实际的分析和判断。一般说来，历史知识由于它的过去性，大多比较抽象难记。历史教材中的图画加强了学生对重要知识的无意识记，提高了学生记忆的牢固性。

例如，讲授《甲午中日战争和民族危机的加深》一课，教师在讲授过程中，若能恰当地运用课本中的《日舰袭击清军运兵船"高升"号》《甲午中日战争形势示意图》《左宝贵》《邓世昌》《致远舰直冲敌舰》《日军在旅顺屠杀中国人民》《中日在马关春帆楼签订条约的情况》《时局图》和《1898年英国租借"新界"示意图》等图画，并作精当描述和讲解，就能给学生留下惊心动魄、形象鲜明、不可磨灭的印象。学生不仅会牢固掌握甲午战争起止时间、范围、主要战役、爱国将领、《中日马关条约》、帝国主义强占"租借地"和划分"势力范围"等主要史实，而且能深刻认识日本帝国主义的贪婪凶残本质，清政府的腐朽没落和屈膝投降的丑恶嘴脸，中国人民和爱国将领英勇顽强、宁死不屈的民族精神和英雄气概。

三、发展学生想象能力

想象是在客观事物的影响下，在言语的调节下，人脑中已有的表象经过改造和结合而产生新形象的心理过程，它可分为创造想象和再造想象。就历史教学而言，是发展学生的再造想象。由于历史的过去性，学生对历史上的人事和现象不能亲自感知。因此，在历史教学中，只有依靠对历史的再造想象，才能使学生冲破时空限制，使古今中外的历史现象在想象中"活"起来，学生如亲临其境，印象深刻，难于忘怀。由于历史图画为学生再造想象提供了便利条件，因此，在历史教学中运用图画发展学生的再造想象力便有着重要意义。

例如，教师在教《战国七雄》一课中的"商鞅变法"时，可先提出如下问题引导学生去想象：1. 从《商鞅舌战图》你能想象出商鞅驳斥反对变法旧贵族的情景吗？2. 从《农民正在掘开田地上的纵横疆界》图，你认为农民对商鞅变法持什么态度？3. 从《奖励耕织》图，你能想象出什么？学生在教师引导启发下，就不难想象出：第一，商鞅在变法之前，曾遭到奴隶主贵族的激烈反对，不少贵族在秦孝公面前攻击商鞅变法不符祖制。面对旧贵族的群起攻击，商鞅毫不畏惧，大义凛然。他手拿竹简，引经据典，逐一驳斥，并大胆地喊出了"只要对国家有利，就不必效法古代"的口号，把那些旧贵族驳得瞠目结舌，坐立不安。于是，秦孝公拍板宣布："商鞅高见，深合我意，从现在起由商鞅主持推行新法。"第二，"废耕田，开阡陌"的法令宣布后，广大农民欢呼雀跃，他们兴高采烈地从家中拿起锄头，挑起畚箕来到田野掘开原来纵横交错的耕田疆界，从而剥夺了奴隶主贵族控制土地的特权，保护了地主的土地私有权。第三，"奖励耕织"的法令，极大地调动了农民的生产积极性，农夫早起晚归辛勤耕种农田和在房前屋后种瓜栽树；农妇夜以继日纺织，饲养鸡鸭猪狗，广大农村呈现出男耕女织、六畜兴旺景象。这样，学生经过再造想象，"死"的历史、枯燥的历史"活"了起来。它不仅帮助学生牢固掌握了商鞅变法的背景、内容和意义，而且加深了对商鞅变法的理解，深刻意识到社会变革的艰难和意义。

四、训练学生的观察能力

观察能力是智力的重要组成部分。要发展学生智力，就应该重视培养学生的观察能力。历史知识叙述的是过去的人和事，一般来说，学生是不能直接观察到的。但教材中的大量图画再现了历史人物活动的情况，就为培养学生观察能力提供了良好条件。

运用课本中的图画训练学生的观察能力，既可用单幅图画进行，也可用多幅图画进行比较观察。例如，讲隋唐文化中的《赵州桥》，教师可先提出："赵州桥在结构上与一般常见的石拱桥有何不同？这种结构与该桥保留至今有无关系？"然后指导学生观察《赵州桥》。这样，学生就不难发现，赵州桥与众不同的是，桥身跨度大，河中无桥墩，大拱之上加小拱。这种结构美观大方，既便于通行，又便于洪水宣泄和减轻桥身重量，这是它经历1300多年至今仍很坚固的原因。又如讲《盛世经济的繁荣》一课中的《筒车》，教师可提出这样的问题"筒车与翻车相比，在结构上有何不同？各有什么优缺点？"于是，学生联系《三国鼎立》中的《翻车》图，对《筒车》图进行比较观察。在教师启发引导下不难得出：三国时期的翻车是水槽链叶结构；唐朝的筒车是滚筒结构。翻车依靠人力踏转转轮，带动链叶把水从槽中提到高处灌溉；唐朝的筒车是利用水力推动滚筒转动把水提到高处灌溉，不需要人力，其功效比翻车大。但筒车也有一个弱点，那就是它只能把流动的河水提到高处灌溉，却不能把池塘、低洼之处的静水送往高处灌溉；而翻车却能把静水和流水送往高处灌溉。这样，学生观察能力在比较中便得到发展。不过教师运用图画培养学生观察能力时，一定要使学生明确观察目的和方法，并及时总结纠误，才能收到良好效果。

五、提高学生思维能力

历史图画是一种直观材料，显示的是历史现象。从现象揭示本质，要靠逻辑思维来完成。为了提高学生的思维能力，教师要善于运用历史图画引导学生发现问题，明确问题，提出假设，然后启发学生对历史图画进行分析、综合、比较、抽象和概括，以验证假设，使学生进行一系列的逻辑思维活动。

例如，历史教材中古代部分多次提到治理黄河。教师在讲完中国古代史后，可有意识地要求学生翻阅《中国历史》一、二册的有关历史地图，比较"黄河"名称变化和流经线路变化。于是，学生就会产生以下质疑黄河多次改道泛滥成灾的原因是什么？黄河是"灾河"，为什么又长期成为我国政治、经济和文化的中心？然后，教师启发学生联系有关知识，剖析黄河多次改道泛滥成灾的原因：一是黄河自西向东流，自上而下连贯几个地势不同的区域、落差悬殊，在两个区域连接部分，河道陡降，河水汹涌，注入平原后，水流缓慢，泥沙沉积，河床上升，以至泛滥决口和改道。二是黄河流域大部分地区气候干燥，降水集中于夏秋两季，又多以暴雨形式降雨，造成山洪暴发，河水猛涨，酿成水流湍急。三是经黄土高原，随着历史的发展，人口增多，开垦增大，加之战争等人为破坏，黄土高原地区植被屡遭破坏，气候变得干燥，水土流失趋于严重，而使黄河"十年九载闹灾荒"，直接影响了这里的农业生产，故到唐宋以后南方经济发展超过了这里。黄河流域历史上长期成为我国政治、经济、文化交流中心，一是这里开发早，二是中华民族不畏艰险，在长期与黄河"殊死搏斗"中积累了不少行之有效的治理方法，能在一定时间内防止黄河大规模泛滥。这样，学生的思维能力便在观察、比较、分析、抽象、概括中提高。

六、培养学生历史思维能力

所谓历史思维能力，是指以史实为基础，以历史唯物主义观点和方法为指导进行观察和分析历史问题的能力。学生具备了这种能力，对以后参加工作时处理问题，把握正确的政治方向是大有益处的。历史教材中的大量插图，有的本身即史实（如文物、古迹图等），有的是史实的再现（如想象画），为培养学生的历史思维能力提供了丰富的感性材料。

运用历史图画培养学生思维能力，可以用单幅图画进行。如讲《从贞观之治到开元盛世》中的《玄武门之变》时，教师先指导学生看图，并指出：李建成和李世民争夺皇位，明争暗斗已久，李世民先下手为强，派兵在玄武门伏击李建成，李建成和李元吉发现伏兵，急忙掉过马头仓皇逃跑，李建成吓得把帽子掉在地上，李元吉连射三箭都飞到城墙上。而站在城门口的李世民张弓搭箭，准备还射。这一箭，正是李建成命归西天的一箭。讲到这里，教师提出这样的问题："从《玄武门之变》图，你对李世民有何认识？"在教师启发下，学生便不难得出：李世民是一位有远见卓识的英明君主，但他不顾兄弟情义，以暗杀的手段夺得皇位，则说明其自私残忍的一面。

但一般来说，培养学生的历史思维能力，运用单幅画不如运用多幅画，因为历史图画并不是孤立的，而是有内在联系的。教学中，运用历史图画间的联系，能生动形象揭示历史发展的规律，培养学生历史思维能力。例如，历史教材中的《北京人使用的石器》《半坡的磨制石器》《河姆渡的骨耜和装有木柄骨耜复原图》《商朝的石刀、石镰》《战国时代的铁制农具》《东汉牛耕图》《耧车》《冶铁水排模型》《翻车》《曲辕犁》《筒车》等，看上去像是古代工具展览。

如果教师在授课中有意识地将它们联系起来，引导学生归纳分析，就不难获得这样的认识：人类社会发展是有规律的，且由低级向高级不断发展变化，生产力是推动人类社会发展的根本动力。这样，学生的历史思维能力便得到了提高。

七、提高学生思想品德素质

教育改革的根本目的在于提高民族的素质。中学历史教学担负着双重任务，既要向学生传授历史基础知识，又要对学生进行思想教育，把学生培养成道德高尚、奋发进取的合格人才。由于历史图画具体生动，形象鲜明，符合初中阶段学生形象思维强的特点，因此，运用历史图画进行思想品德教育，就会收到很好的教学效果。

例如，在历史教学中，我们可利用《郑成功收复台湾》和《郑成功接受荷兰殖民者投降》《雅克萨之战》《林则徐纪念馆》和《销烟池》《关天培》和《虎门激战》《邓世昌》和《致远舰直冲敌舰》等图画向学生进行爱国主义教育。利用《大泽乡起义》《黄巾起义》《李自成》《莫高窟艺术及其创造者》《黄道婆》《毕昇》等图画说明人民群众的伟大作用，是历史的创造者；用《秦始皇》《汉武帝》《唐太宗》《明太祖》等图画说明统治阶级人物的历史作用，向学生进行历史唯物主义观点和辩证唯物主义观点教育。利用《冒顿鸣摘射马图》《昭君出塞》《步辇图》《西藏拉萨布达拉宫的松赞干布和文成公主塑像》《八思巴朝见忽必烈》《顺治会见五世达赖图》等等，向学生进行维护祖国统一，增进民族团结的教育。利用《蒋介石、宋子文、孔祥熙和陈果夫》《怎能受那许多人的吸吮》《斗争地主》《中华人民共和国开国大典》，《美国陆军上将克拉克在〈朝鲜停战协定上签字〉》《长春第一汽车制造厂》《我国第一颗原子弹爆炸成功》等图画，向学生进行没有共产党就没有新中国，只有社会主义才能救中国的革命传统教育。凡此种种，举不胜举。可以说，历史课本中的图画，几乎每幅都可以向学生进行思想品德教育，有历史唯物主义的，有革命传统的，有道德品质的，有维护统一增进民族团结的，只要我们教师深入研究，潜心发掘，充分利用，就可以充分发挥历史图画思想品德教育功能。

历史教材中小字的功能与使用①

编插大量小字是原人教版九年义务教育历史教材的一个重要特色。中学历史教师在使用历史教材时，面临着如何充分认识小字在教学中的功能和使其功能得以充分发挥的问题。

一

历史教材中的小字，在整个历史教材和教学中具有以下四种功能：

（一）激发学生自学兴趣

兴趣是我们力求认识某种事物或爱好某种活动的倾向。培养学生学习历史的兴趣是学生学好历史的起点，是牢固掌握历史基础知识和开发智能的前提。孔子说"知之者不如好之者，好之者不如乐之者"，说明了兴趣的重要意义。就中学历史教学而言，激发学生学习兴趣，不仅是历史教师的事，他还与师生共同使用的历史教材密切相关。长期以来，我们的历史教材编写重教轻学，重历史科学建

---

① 本文发表于人民教育出版社主编的《教与学》（初中版）1996 年第 5 期。

构轻学生的心理特征。因此，难以激发学生自学兴趣。而历史教材是在重教、重科学建构的前提下，从初中学生心理特征出发，用小字编写了大量通俗易懂、生动有趣和丰富多彩的"阅读材料"，从而有力地吸引了学生，激发了他们学习历史的热情，较好地解决了学生对历史教材不爱学、不爱读的问题。

综观历史教材中的小字内容，基本上都是有血有肉的历史事实。讲人，有名有姓，有身份，有对白，有细节刻画；讲事，有情节，有过程，有描述，像个故事。一个个小故事，就像悬挂在葡萄藤上的一串串葡萄，看后令人"食欲"大增，必欲读之而后快。例如，关于唐太宗与魏征之间的关系，原中学历史教材"贞观之治"一目下，只有一句话："魏征敢于直言，前后上谏 200 多次，指摘唐太宗的过失，唐太宗非常赞赏他，信任他"，这就显得过于抽象，既激不起学生兴趣，也不利于学生真正理解魏征直言进谏的作用和唐太宗对魏征信任赞赏的原因与程度。新教材"贞观之治"一目，除正文（大字）引用了上述一段文字之外，另编插了约 170 个小字，生动描述了唐太宗重用魏征的原因和魏征直言进谏对唐太宗治国的影响。在封建时代，天下至尊的皇帝能重用敌手门下常犯龙颜之士已是不多，而皇帝见了臣下竟把宠爱的鸟藏在怀中闷死更是鲜见，至于魏征死后，唐太宗在悲伤中总结出："以人为镜，可以明得失。现在魏征死了，我失去了一面镜子。"那就更非一般人君所及了。本段小字不仅形象有趣，使学生爱读，而且发人深省，回味无穷，使学生难以忘怀。

（二）加强思想教育、提高民族素质

由于课时限制和学生课业负担过重等原因，过去的历史教材中，有关思想品德教育的生动形象的素材并不多，一般需要教师深入钻研、发掘，补充有关内容，才能较好地向学生进行思想品德教育。

这无疑在一定程度上削弱了历史思想品德教育的功能。历史教材的编者利用小字不要求学生掌握的优势,编排了大量生动形象、丰富多彩的有利于历史唯物主义和辩证唯物主义教育,有利于爱国主义和坚持四项基本原则教育,有利于维护祖国统一和增进民族团结教育,有利于道德品质教育等方面的素材,从而为历史教学强化思想品德教育,提高学生思想品德素质奠定了坚实基础。

例如《甲午中日战争和民族危机的加深》一课中"甲午中日战争"一目下的一段小字,十分生动形象地描写了黄海海战中邓世昌指挥致远舰迎战敌舰,在弹药将尽时,他下令直撞敌舰,最后光荣为国捐躯的故事。这段小字无论是学生课外自读,还是教师在课堂上当堂朗读,都会在学生心目中产生难以忘怀的印象,从而受到一次生动的爱国主义教育。又如新编历史教材中的"开皇之治""岳飞抗金和宋金对峙""明初的休养生息政策""南明和人民的抗清斗争"等目下的小字内容。都是向学生进行思想品德教育,提高学生思想品德素质的好素材。

(三)拓宽知识面,开发学生智力,培养学生能力

历史教学中,如何开发学生智力和培养学生能力,是长期以来困扰历史教师的一大难题。由于以往中学历史教材是由压缩处理的史料和抽象化的史论所组成。学生学习这种教材,既无强烈兴趣,又难以真正理解,教师尽管为开发学生智力和培养学生能力绞尽脑汁,但仍难免把学生束缚在书本里,收效不大,历史教材大大改变了传统历史教材的格局,不仅突破了编、章、节体例,而且通过大量的小字、图画、诗、词、曲、民谣、对联、评论、小说、注释等,大大增加了教材的内涵,尤其是丰富多彩、生动形象、故事性较强的小字,大大地拓宽了学生的知识面,为开发学生智力和培养学生能力创造了解条件。学生阅读这些内容,能从中看到绚丽多彩、波

波澜壮阔的历史画卷；能听到娓娓动人，引人入胜的历史故事，能领悟到深刻精辟的恒言哲理，从而激发兴趣，引起联想、质疑问题。教师有了内涵如此丰富的教材、如鱼得水、因材施教，或让学生阅读自学、摘卡片、列提纲、培养学生的阅读能力和自学能力；或组织学生开展阅读心得交流、讨论辩驳，撰写小论文，培养学生运用历史唯物主义和辩证唯物主义观点认识问题的能力；或启发诱导不家务事思考分析一些值得注意的一些历史问题，培养学生从多角度分析问题的思维能力。

例如，《明朝君主专制空前加强》一课，"红巾军起义和明朝勃兴"一目下有一段小字讲了朱元璋任帅的故事，教师可设计这样的提问引导学生阅读："徐达和常遇春才勇相当，朱元璋为什么任徐达为统帅、常遇春为副帅？"学生通过阅读思考解答这一提问，就可以学到一些分析历史人物的能力。"废除丞相加强君权"一目下，有一段小字讲朱元璋严惩丞相胡惟庸、驸马欧阳伦、大将军蓝玉的故事，教师利用旁边的思考题："读读左边这段小字，想一想，明太祖为什么要这样做？"就可以起到培养学生历史思维能力的作用。又如《戊戌变法》一课"戊戌政变"一目之下，有一大段描述袁世凯出卖维新派的故事，学生读后难免产生这样的质疑："如果没有袁世凯的出卖，戊戌变法也许不会失败。"教师可以抓住学生的质疑，启发学生综合上一课和本课大小字内容分析戊戌变法失败原因，培养学生运用历史唯物主义观点分析历史事件的能力。

（四）诠释历史概念，减轻教材难度

历史教材叙述的是已往的人、事、物、典章制度和文化科技成就等。它本来就有很多内容不易为今天的学生所理解，再加上课时限制，编者不可能对每一位历史人物，每一个历史事件，每一项典章制度和文化科技成就都在正文中作详细的叙述，解释和说明，于是便"一句话带过",使得学生不易学,教师不易教,新编历史教材中的小字,则具有诠释历史,帮助学生理解大字,使之具体化,变难为易的功能。

例如:《从"贞观之治"到"开元盛世"》一课中的"玄武门之变"一目,正文(大字)对这一历史概念阐述十分简略,学生难以理解,于是,编者在本目下编插了一段小字,对"玄武门之变"的原因和经过作了通俗易懂的描述,从而大大减轻了难度,有利于学生正确理解这一历史事件。再如新编历史教材中的"杯酒释兵权""帝国主义的疯狂侵略"等目下的小字,都具有诠释历史,减轻教材难度的功能。

二

历史教材中的大量小字,在激发学生学习兴趣,强化思想教育,拓宽知识面,开发学生智力,培养学生能力,减轻教材难度等方面与旧教材相比,无疑具有强大的优势,我们还应该看到,新教材中的大量小字给教师的教和学生的学带来了新的问题,如怎样选择教法,如何处理小字,如何指导学生自学等。要充分发挥小字在教与学中的功能,教师应注意以下几个原则:

(一)高度重视,认真钻研

根据九年制义务教育初中历史教学大纲的规定和历史教材的说明,教材中的小字是不属于教学基本要求的,但这并不等于说历史教材中的小字不重要。其实,历史教材中的小字是教材的重要组成部分。这不仅是小字在字数上多于大字(正文),更主要的是小字与大字之间有着密不可分的联系,它或补充某些史实;或具体介绍某些历史人物和说明某些具体事物;或诠释某些历史概念;或扩展延伸教学内容，在教学过程中起着浅化教材，激发学生学习兴趣，拓宽学生知识面，强化思想品德教育，开发学生智力和培养学生能力的作用。因此，教师在教学过程中对小字处理是否恰当，直接关系到教育教学效果，教师如果只讲大字，不讲小字，就会把事情说不清楚，道理说不明白；如果大小字都讲，又会产生课文内容冗长，完不成课时教学任务，要解决好这一问题，发挥小字的教育教学功能，教师就必须在思想上高度重视，在备课上狠下功夫，深入研究每一课中的每一段小字的功能，把握它与大字的关系，并采取适当的教学方法使其功能得以充分发挥。如果教师在思想上不重视小字的功能，课堂上随心所欲地处理小字，那自然无法实现小字的功能。

（二）紧扣教学目的，突出重点和化解疑难

历史教材中的小字内容相当丰富，教师在教学过程中不应当、也不可能在课堂上全部讲述或由学生阅读，而必须根据教学的实际需要，对小字进行适当剪裁和取舍，凡是紧扣教学目的，能突出重点，化解疑难的小字内容，就必须讲清，如《春秋五霸》一课共有四目，且每目下面都有小字，教师应紧扣本课教学目的，选讲"齐桓公称霸"一目下的三段小字，因为该目是本课重点，目下三段小字分别讲述了齐桓公弃仇用管仲为相、伐山戎救燕、南伐楚国三件事，教师诱导学生阅读分析这三段小字，既有利于学生深刻理解和牢固掌握齐桓公成为春秋时期第一个霸主的因素，突出了本课重点，又有利于学生理解春秋诸侯争霸的实质，化解了本课难点，同时，学生还能认识到人才在治国兴邦中的重要意义。

（三）强化思想教育，加强能力培养

向学生进行思想教育和培养学生能力是中学历史教学两大任务。教师要高质量地完成这两项任务，仅靠历史教材中的大字是不够的，还必须重视选择一些生动形象，富有哲理的小字紧密配合大字内容，强化思想教育，加强能力培养。如《三国两晋南北朝的文化》一课中的"佛教的盛行和范缜的《神天论》"一目中关于"范缜同文士、僧侣辩论"的小字就很值得一讲，教师通过讲述分析，可培养学生不畏权贵，不为高官厚禄所动，坚持真理的高尚的思想品德，又如《西晋和东晋》一课中的"八王之乱"和"淝水之战"二目下的小字，教师应紧扣课文中的两道思考题："想一想，西晋为什么是一个短命的王朝？""根据你所掌握的知识，简单分析一下淝水之战中前秦为什么会失败？"指导学生阅读，启发学生分析和比较，得出相应结论，这样，既培养了学生阅读、分析和比较能力，又向学生进行了一次很好的思想品德教育，其中昏庸奢侈误国，内乱骄兵必亡的道理将给学生留下不可磨灭的印象。再如唐玄宗这一历史人物十分复杂。历史教材的《从"贞观之治"到"开元盛世"》《"和同为一家"》《"海内存知己"》《唐朝的误落和灭》《封建文化的高峰》（一）（二）（三）等课中的大小字，尤其是小字从不同侧面介绍了与唐玄宗有关的人、事、物。因此，教师在讲完唐朝的历史后，可利用一节课时间，组织学生就"如何评价唐玄宗"开展专题讨论。教师启发学生运用历史唯物主义和辩证唯物主义观点，对教材中的丰富多彩的史实，从不同侧面和不同角度评价唐玄宗，从而使学生获得全面评价历史人物的能力。当然，对学生的思想品德教育也在评述唐玄宗的善恶美丑过程中得以实现。

（四）因材施教，灵活处理

历史教材每课都编插了大量小字，所谓因材施教，灵活处理，就是要求教师在教学过程中，从教学目的，课文篇幅容量，学生的思想与智能水平，学生的心理特点等实际情况出发，因人、因课、因时、因地而有所不同，不能采取一成不变的模式。如《两汉的经济和社会生活》一课内容多而杂，教师对于该课中的小字处理，多数应点到为止，留给学生课外阅读理解。但"农业的新成就"一目下关于"汉朝在北方推广小麦"的小字，教师应指导学生在课堂上阅读思考。其意义在于：使学生认识董仲舒不光是提倡儒术，而且在经济上也提出过重要建议，从而学习多角度综合评析历史人物。又如《秦末农民战争和楚汉之争》一课中"楚汉之争"目下的小字"鸿门宴"和《辽、西夏和北宋的并立》一课中"澶渊之盟"目下"杨业抗辽"的故事，既非重点，又不见于大字，只是由于鸿门宴，杨家将的故事为人所共知，学生兴趣很大，因此教师在教学中不妨一讲，借以激发学生学习历史兴趣和进行思想品德教育。再如《具有鲜明时代特点的明朝文化（一）——进步的科技和思想》一课"具有民主色彩的思想家"一目中的几段小字，分别补充说明了李贽、王夫子、黄宗羲、顾炎武等著名思想家的进步思想。教师讲授时应指导和鼓励学生去阅读。若不加指导地让学生泛读，容易流于一般化，收不到预期效果。

（五）主次分明，大小字有机结合

历史教材中大小字之间的关系，是下种"谁也离不开谁"的关系。不论是阅读还是讲课，离开了大字，小字部分是孤立的，分散的；而离开了小字，大字部分又显得有些枯燥。教师在教学过程中，绝不能为了单纯追求授课的趣味性或其他目的，把重点放在小字上，喧宾夺主、舍本逐末。小字毕竟是小字，它是不能代替大字的。大教学中应主次分明，既要重视发挥小字的作用，又要坚持以大字为主干，因材施教，选择多种方法，把大小字部分有机结合起来，做到交相辉映，相得益彰。

历史作业设计探微^①

历史作业设计是中学历史教学中的一个重要环节。从教育心理学的角度来说，学生的学习过程，就是理解知识、巩固知识和运用知识的过程。让学生独立完成教师精心设计的作业，既有利于检验学生掌握知识的程度，也有利于检查教师的教学效果。这样可以进行信息反馈，及时改进教学方法。而学生在完成作业过程中，综合地、灵活地运用所学知识，巩固深化已有知识，形成技能技巧，也就能发展学生的智能。

在中学历史教学中，如何精心设计历史作业，这是值得深入研究的问题。我的做法是：

第一，突破教材习题局限，按大纲编印作业。

---

① 本文发表于《衡阳师专学报》（文科版）1988 年第 1 期；中国人民大学报刊复印中心《中学历史教学》1988 年第 3 期全文转载。

中学历史教材习题统计简表

年级	类别	总题数	题型	数量	占总数百分比
初中	中国史	353	填空	168	47.592%
			列举	2	0.567%
			列表	4	1.133%
			名词解释	75	21.246%
			问答	84	23.796%
			读图描图	20	5.667%
高中	世界史	187	填空	0	0
			列举	6	3.209%
			列表	5	2.674%
			名词解释	42	22.460%
			问答	132	70.588%
			读图描图	0	0

现行统编教材中的历史练习题，其优点是突出了各章节内容的重点，但也有明显的缺陷。一是题型单一，缺少变化。从《简表》中的数据我们可以看出初中的《中国史》中，填空、名词解释和问答三种题型合计为92.634%，占绝对优势。高中的《世界史》中，填空和读图描图题被取消，仅有列举、列表、名词解释和问答四种题型，其中名词解释和问答二种题就占了93.048%。单一的题型训练，很容易使学生思维定势呆板，不利于学生知识的巩固和智能的开发。二是习题模式化，缺少发展学生智能的多角度、多方位的综合题和分析题。初高中历史课本各章节后设计的问答题，绝大多数局限于原因、条件、内容、经过、意义等方面，且答案就在本章节中。学生完成作业就是抄书。习题中跨章节的综合分析题很少，跨书本的根本没有。这种作业设计，对学生智能的开发也是不利的。

如何突破历史课本中习题的局限编印作业呢我认为，设计编印中学历史作业，一定要以《中学历史教学大纲》为准绳，以学生的实际智能为依据、具体情况具体分析。在设计编印历史作业时，既要突出教材重点，又要突破教材难点；既要有各章节练习题和思考题，又要有跨章节单元、甚至跨书的练习题和思考题；既要有教材中常见的填空解词、列举和问答等题型，又要有课本中没有的填图、识图、选择、判断、改错、组合排列等题型；要想方设法提供变式，为培养学生能力、发展学生智力和提高质量创造条件。由于这些作业，都是教师精心设计编印好的，它免除了学生抄题之苦，使他们能充分利用较短的时间高效率地完成作业。

第二，目的明确，有的放矢。

明确教学目的，是培养学生能力，发展学生智力和提高教学质量不可缺少的前提条件。教师在设计编印中学历史作业时，必须从各年级各章节的教学目的出发，做到有的放矢。

1. 温故知新，揭示历史事件之间的内在联系，帮助学生掌握历史发展规律或历史事件的共性规律，使学生获得的知识条理化、系统化、规律化，以培养学生观察问题分析问题的能力和逻辑思维能力。设计这样的作业一般用比较题和综合分析题较好。例如在讲高中的《世界历史》"法国资产阶级革命"时，可设计一道这样的作业"试比较英、法资产阶级革命的异同，说明资产阶级革命的一般规律。"学生通过比较分析就可以得出这样的结论："第一，资产阶级革命通常都是在资本主义经济较为发展，但受到封建制度的阻碍而发生的。第二，资产阶级革命的目的一般是为了反对封建制度，反对地主阶级统治，建立资产阶级专政，或地主资产阶级联合专政。第三，资产阶级革命的意义都是为资本主义发展扫清道路；对其他资产阶级革命起了推动作用；但资产阶级革命是以一种剥削方式代替另一剥削方式，使人民身上又套上了新的枷锁。"这样，不仅有利于学生掌握英、法每个资产阶级革命的特点，而且培养了学生能力，使学生掌握了资产阶级革命规律，为学好后面的"美国内战"、沙俄"农奴制度的废除"和"日本的明治维新"等历史内容创造了条件；也为学生举一反三，总结农民革命规律，原始社会发展规律等提供了方法。

2. 帮助学生牢固掌握历史知识。中学历史教材，无论是《中国历史》，还是《世界历史》，学生容易混淆的相似的历史人名、地名、口号、纲领、条约、事件、因果等历史现象甚多。诸如司马光、司马迁、司马炎与司马睿，威廉·李卜克内西与卡尔·李卜克内西、西奥多·罗斯福与富兰克林·罗斯福等人名，"驱除鞑虏，恢复中国，创立合众政府"，"驱除鞑虏、恢复中华"与"驱除鞑虏，恢复中华，创立民国，平均地权"等政治纲领；戊戌变法、王安石变法、商鞅变法、明治维新、大化改新、彼得一世改革等历史事件，凡此种种，不胜枚举。教师在教学过程中，一定要利用选择、判断、改错、比较、列表等题型的优势，有目的、有计划、有针对性地精心设计编印一些历史作业，帮助学生巩固深化历史知识，以有效防止混淆史实、张冠李戴，为学生正确运用知识，形成技能技巧创造条件。

3. 串点成线，帮助学生理清和掌握基本历史线索，使学生掌握系统的规律性的知识，增强理解、巩固和运用知识的能力。所谓基本历史线索，一是指人类社会发展的基本过程。诸如中国近代史发展的基本线索等等。二是指某一历史事物的发展变化。诸如中国古代赋税制度的演变、土地制度的演变等等。三是指某一历史事件发展的基本过程。诸如太平天国运动、义和团运动、辛亥革命运动发展的基本过程。基本线索是"纲"，抓住了这个"纲"，对于"目"

就容易掌握了。因此，我们可利用填空、列表、示意图、综合分析等题型，精心设计一些作业，帮助学生将零碎的点滴知识，依据其内在联系串联起来，联点成线，掌握历史发展的基本线索这个"纲"，形成全面系统的历史知识。我在讲《中俄尼布楚条约》时，为帮助学生掌握中国历史上对东北地区的管辖情况设计了这样一道习题"试以唐朝以来中国对东北地区的管辖史实，说明这里自古以来就是中国的领土。"学生通过完成这一作业，不仅系统地掌握了唐以来我国在东北地区设置的行政机构和管辖范围，而且，使学生认识到我国宋朝虽没有对东北地区设置机构行使权利，但那时东北地区是先后处在我国兄弟民族契丹族建立的辽、女真族建立的金的直接统治下。这就有助于学生理解少数民族对开发中国边疆地区的贡献。

4. 帮助学生克服遗忘，形成正确、完整的历史概念，以发展学生的分析概括能力和思维能力。现在中学生学习历史，存在一个普遍的问题是记不住，概念模糊，分析概括能力差。如何解决这一问题呢？从历史作业设计的角度来说，一是编写简表，把同类事物归纳在一起比较，加深理解和记忆。诸如《历史大事年表》《中国古代科学技术成就简表》《重要战役表》等。二是编填"示意图"。中学生、特别是初中生，他们年龄尚小，记忆和思维需要直观形象帮助，因此我们应有意识地设计一些"示意图"，使历史知识直观化、形象化，帮助学生克服遗忘和掌握概念。如《十七至十八世纪的俄国侵略扩张示意图》《辽、西夏和北宋之间的关系示意图》等。三是设计归纳论证题，帮助学生对具体化的材料进行本质性概括，以形成历史概念，或引出逻辑性结论，实现由个别到一般的认识飞跃。譬如，为了让学生理解新民主主义革命胜利的基本经验，我设计了这样一些思考题：①如果你对中国革命必须由中国共产党的领导不理解，请你分析思考中国近代五次反侵略战争、三次革命高潮、戊戌变法和第一次国内革命战争失败及抗日战争胜利的原因。②如果你对中国必须走社会主义道路不理解，请你分析思考中国资本主义产生的历史条件、中国资产阶级的特点和资产阶级领导的戊戌变法、辛亥革命、二次革命、护法运动等一系列政治和经济斗争的失败史实。③如果你对中国革命必须以马克思列宁主义、毛泽东思想为指导不理解，请你分析思考太平天国、戊戌变法、辛亥革命的纲领和这些革命变法的结果，分析思考党内"左""右"倾机会主义给中国革命带来的危害。学生经过分析思考，无疑会实现认识的飞跃，牢固掌握上述科学结论，其思维能力也得到发展。四是提供变式，即对同一个问题采用变换角度的方法设计作业，以帮助学生认识事物的本质特征，掌握知识要点，以培养学生多角度、全方位思考问题的能力。譬如，为了让学生理解鸦片战争使中国开始沦为半殖民地半封建社会和鸦片战争是中国近代史的开端，是旧民主主义革命的起点这些概念，我设计了下列作业题：①鸦片战争后，中国政治地位发生了什么变化？为什么？②鸦片战争后，中国社会经济发生了什么变化？为什么？③鸦片战争后，中国社会主要矛盾发生了什么变化？④鸦片战争后中国革命的任务发生了什么变化？学生只要完成这些作业，对上述历史概念就容易理解和掌握了。五是设计解释历史概念或历史名词题。这是一种常见题，它可以帮助学生把概念放到一个更一般的概念中，并揭露这个概念的本质特征，对知识起一种组织和整理作用，有助于概念的掌握。

5. 注意识图填图训练，帮助学生形成历史概念、巩固历史知识和发展想象能力。所谓识图，对中学生而言是指辨别历史图片。它包括历史遗址、历史文物的照片、历史人物的画像或照片、历史故事图画和历史讽刺画或漫画等，它们都能起到生动、形象地再现史实的作用，能帮助学生形成历史概念，巩固历史知识和发展想象力。设计识图作业，既可编绘某一历史图片要求学生辨识，也可将相似或同类历史图片绘制在一起要求学生辨识。譬如：我在讲"唐朝社会经济的繁荣"时，就把表现三国时魏国马均发明的翻车和唐朝出现的筒车两幅画图编绘在一起，要求学生看图回答下列问题：①图一是一种什么灌溉工具是什么时候由谁发明的？②图二是什么灌溉工具出现于何时？③这两种灌溉工具哪一个功效大？为什么？学生完成这一作业，不仅能形象地掌握翻车和筒车两个概念，而且深化了学生对两个灌溉工具作用的认识，发展了学生形象思维能力。填图是指填写历史地图而言。历史现象不仅在一定的空间，而且是在一定地理条件一定的地点发生的。因此，学历史离不开历史地图，历史地图可以帮助学生想象历史活动的生动场面，了解地理环境对历史现象的影响，帮助学生弄清历史现象间的纵横联系，使学在生动直观和深刻理解的基础上牢固地记忆史实。设计印编填图作业，既可是课本中的原有历史地图，如《战国形势图》《中国工农红军长征图》《古代希腊图》等等，也可以纵横联系，把不同时期或同一时期的重大历史现象综合在一幅图中，要求学生填写。譬如，在纵的方面我们可以把中国历史的都城、水利工程、重大战役等历史现象，分别设计专题图。在横的方面，我们可以把世界历史上同一时代的，诸如文明起源，西欧殖民者在世界的侵略扩张、民族解放运动等历史现象，分别设计专题图。例《十九世纪末至二十世纪初亚洲觉醒图》。

第三，灵活多样，富于启发。

引导学生积极思维，变被动接受知识为主动求知，调动学生的学习积极性，是中学历史教学中一个极为重要的问题，是发展学生智能的一个关键。在设计练习题和思考题时，教师要一题多变、一题多问，富于启发。譬如：问党的"七大"召开的原因是什么？内容和意义怎样？学生就只能抄书本，背教材。如果我们变换一个角度出题，问"为什么说党的'七大'是建党以后民主革命时期我党最重要的一次大会？"这就启发了学生思考，并运用所学史实做出分析概括，把知识学活，从而发展了学生智能。

中小学历史教学衔接问题①

现行国家教育计划和教学大纲规定，中小学都要开设历史课。中小学历史虽同属于基础教育，但毕竟是质与量互有区别的两个学习阶段。这样，中学历史教学就遇到了一个怎样与小学历史教学相衔接的问题。且这一问题解决得好坏将直接影响到中学历史教学质量。

一、中小学历史大纲和教材的同异

研读中小学历史教学大纲和教材并比较其异同，是中学历史教师搞好衔接教学首先且必须做的一件事。通过研读比较，我们可以发现中小学历史教学大纲和教材主要有下列方面的异同：

第一，教学目的和要求上的异同。中小学历史教学大纲中"教学目的和要求"的相同点是中小学历史教学都要向学生进行爱国主义、革命传统和国际主义教育，从而培养学生热爱社会主义祖国、热爱社会主义事业、热爱共产党的真挚感情，树立共产主义远大理

---

① 本文发表于《衡阳师专学报》（社会科学版）1992 年第 4 期；中国人民大学报刊复印中心《中学历史教学》1992 年第 4 期全文转载；后又摘要收入《中国当代教育教研成果概览》上卷，新华出版社出版，1996 年，第 330 页。

想。不同点是小学的历史课，只"讲授中国历史上各社会发展阶段的一些简单情况，历代一些重大历史事件、著名人物以及世界历史上的一些重大历史事件，使学生获得中国历史和世界历史的一些常识"。而中学历史教学"要求向学生进行社会发展规律教育"；要求学生掌握"基础的历史知识，了解中国历史和世界历史的重要历史事件和历史人物"；要求教师教学中要以"马克思主义为指导，对历史做出正确的叙述和分析，做到思想性和科学性的统一，观点和材料的统一"，"逐步培养学生历史唯物主义基本观点，以及运用历史唯物主义基本观点观察问题和分析问题的能力"。相同点要求中学历史教师在小学历史教学的基础上，重视巩固、充实和深化小学业已学过的内容，使学生热爱社会主义祖国、热爱社会主义事业和热爱共产党的真挚感情进一步加深，以便树立坚定的共产主义的远大理想，并使之化为为社会主义现代建设献身的动力和行动。不同点是要求中学历史教学不应停留在小学历史教学只"叙述具体的历史事实"和简单解释阶段，而应在小学历史教学的基础上引导学生对历史事实进行具体地分析、综合、比较、概括，以形成正确的历史概念，实现历史知识的质的飞跃。

第二，教材内容上的异同。中小学历史教材其相同的一面有：一是中小学历史讲授的内容都包括中国历史和世界历史。二是中小学历史教材内容的叙述均按时间顺序来安排处理章节内容，且都贯彻了详今略古的原则。三是中小学历史教材对历史发展的分期断限及重要历史结论均采用同一观点。四是中小学历史教材计时标准划一，中国史以公元纪年兼用朝代更替，世界史纯以公元纪年。五是中小学历史教材课文插图同一，不少出处相同。中小学历史教材这些统一性，就不致产生中学课文与小学课文前后矛盾的问题，为中学教师深化历史教学创造了条件。但中小学历史教材也有不同的一面：小学历史教材把大纲规定的中国"历代一些重大历史事件、著名人物及世界历史上的一些重大历史事件"分别组成一个个引人动听的"故事"，用通俗流畅的语言，进行形象生动地描述，使遥远的历史情景再现在学生面前。这迎合了小学生的口味，适应小学生的心理特点，因而最能激发情趣。课文间无直接关联和寓教于乐是小学历史教材的重要特点。中学历史教材是在以"马克思主义为指导，对历史做出正确的叙述和分析，做到思想和科学性的统一，观点和材料的统一"的原则下编写的。教材沿着人类历史发展的轨迹，社会形态的具体演变，依据时间顺序叙述分析中外重要历史事实。彼此联结比较紧密，系统性较强，脉络较清晰，突出了人类社会发展的规律性。它与小学历史教材相比较，既不是一般性的联结，也不是简单的重复，而是多层次、多侧面地进到新的高度和水平。那种认为凡是小学已讲述的内容中学历史课可轻轻带过或一概不管是十分错误的。但简单重复小学已学的内容也是无益的。正确的方法是站在新的高度引导学生分析同小学历史相"重合"的内容，求同探异，使学生的历史知识在原有基础上得到巩固和充实，历史认识能力随之得到提高。

二、调查摸底，有的放矢

学生在小学里学到的粗浅的历史常识，为中学进一步学习系统的历史知识奠定了一定的基础。但学生对小学历史掌握的程度怎样，这是需要调查摸底的，否则就要脱节，将直接影响教学效果。了解中学生对小学历史掌握的程度的途径有三：一是中学历史教师可到附近的小学听听课，了解小学历史教学的实际情况。二是查阅小学六年级有些地方为五年级的历史统考成绩。三是根据小学历史教学大纲和教材命题进行摸底考试，了解学生对小学历史内容掌握的程度。情况明了，心中有数，才能有的放矢制定出切实可行的教学计划，选择正确的教学方法。如果过低地估计了小学历史教学的成绩和学生所掌握的历史知识，简单重复小学阶段学生就掌握了的内容，势必影响学生学习积极性；如果过高地估计了学生的水平，对刚升入中学的学生提出不适当的要求，则必然事与愿违，也会挫伤学生学习的积极性。

三、比较教材具体内容科学设计教法

由于中小学历史教学目的和要求存在差异，故中小学历史教材对历史上同一事件和历史人物的叙述也存着差异，且各具特点。它要求中学历史教师在比较中小学历史教材具体内容的基础上科学地设计教法，切忌呆板和形式主义。

第一，由趣到思，发展思维。小学历史教材是由一个个历史"故事"组成，具体、生动和形象是其特点。它不仅能极大地激发学生兴趣，而且能给学生留下铭刻肺腑一样的印象以至终身不忘。而中学历史的生动形象性的叙述比小学历史就要少得多。因此，中学历史教学讲到小学历史业已详细生动形象叙述过的内容时，就不应再简单地去重复学生业已铭记的历史事件和历史人物事迹，而应着重引导学生去思考未知的问题。如小学历史课文中的《大禹治水》《大泽乡起义》《淝水之战》等，它的叙述比中学历史课本中的"黄帝和尧舜禹的传说""大泽乡起义"和"淝水之战"详细生动形象得多。对这些事件的始末，教师用不着去重复，可让学生自己去回忆复述，教师讲授这些内容时的主要任务是腾出足够的时间启发学生思维，理解和掌握"传说中的尧舜禹时期，正是原始社会向奴隶社会过渡时期"。"禅让"的实质是"反映了部落联盟民主推选首领的制度"。秦末农民战争的原因和历史意义。淝水之战发生的历史背

景，前秦失败和东晋胜利的原因，以及它的重大影响。启发学生回忆有趣的已知情节，到思索未知的本质历史，这是符合从具体到抽象的认识规律和教学原则的，对提高中学历史教学质量具有重要意义。

第二，扩充发散，探求因果。小学历史教材考虑到学生的思维能力和知识水平，对历史事件的叙述重事件经过，轻因果分析，而中学历史教材恰恰相反。如讲到西安事变，学生通过小学历史课的学习，已能滔滔不绝地生动描述其过程；但对事变前后的复杂形势和事变原因就说不清，尤其是对中国共产党主张和平解决西安事变和西安事变和平解决的历史意义更不理解。然而，这恰恰是最本质的认识，是中学生必须理解和掌握的内容。因此，中学历史教师要充分利用学生在小学业已掌握的知识为条件，前后扩充发散，有意识地引导学生以历史唯物主义的观点进行史论结合的分析，探求事件的因果，从而得出科学的结论，获得有益的启迪。这既是升华知识，又是锤炼能力。

第三，由表及里，提高质量。所谓由表及里，提高质量，主要包含三层意思：一是扫除学生的"心理障碍"，启发学生积极思维。中学历史教材中的一些内容是小学历史的"重复"，有些甚至连标题也相同。碰上这些课题，学生的心理状态可能是"我早知道了"，因而抑制思维，阻碍进一步的求知。此时，教师可设计一些"击中要害"的疑难问题，使之引起"警觉"。如讲王安石变法时，教师不妨先提一些浅显的问题进行回顾：王安石是哪个朝代的人？他一生最大的功绩是什么？何时实行改革的？这使掌握知识的学生强化了记忆，中差的学生得到"补课"的机会。当大多数学生掌握了，就从表层引到里层，启发思考：王安石为什么要变法？变法的历史背景怎样？变法的具体内容有哪些？结果怎样？为什么会失败？从中获得什么启示？这种由表及里的钻研，既充分利用了学生已有历史知识，避免了教师重复唠叨的弊病，又扫除了学生的"心理障碍"，调动了学生的积极性，发展了学生思维，促使其知识升华。

二是小学生对历史事物的认识停留于感觉、知觉和表象的阶段，最多只能形成初步概念，而且往往仍很模糊。到了中学，这就不够了，应该引导学生认识历史事物的本质特征，形成比较明确的历史概念。如"北京人"中小学教学都讲，但小学只要求学生了解北京人是我国四五十万年前的"原始人类"，"他们能够直立行走，双手和上肢同现代人相似，会劳动，会制造工具。他们已经是人了"等简单内容就可以了。但中学则要求教师引导学生分析理解北京人体质的发展，证明在从猿到人的转变中，劳动所起的决定作用。"任何动物都不会制造工具，能够制造工具是人和动物的根本区别。"

三是小学生的历史知识是点点滴滴的零碎知识，中学则要求学生掌握比较系统的知识。如关于中国奴隶社会，小学主要要求学生了解武王伐纣这一历史事件和孔子这个历史人物。中学则不同，不仅要给学生讲中国奴隶社会建立、发展、强盛和崩溃的历史过程，而且要初步揭示奴隶社会的本质和发展规律。因此，中学历史教学应注意串点连线，让学生形成系统的历史知识。

四、激发兴趣，强化动力

兴趣是指一个人经常趋向于认识、掌握某种事物，并具有积极情绪色彩的心理倾向。他是人们积极从事实践活动，不断获得认识，开阔眼界从而丰富人的精神生活的推动力量之一。因此，浓厚的学习兴趣对学好历史来说，始终是必要的。由于小学历史生动形象趣味性强，一般来说，小学生是喜欢历史课的。但到了中学由于历史教材内容比小学大大增加，理论性和系统性大大增强，要求记忆的材料增多，而故事性大大削弱，一些学生可能因教材吸引力不强或学习困难和历史考试成绩差等原因而减弱兴趣。又由于中学课程门类多，学生负担比小学大增，而历史课又不是主科，很多地方高中录取或初中毕业不考虑学生的历史成绩，再加上中学课外活动内容比小学丰富多彩，学生兴趣因这些原因也会发生分化和改变。因此，中学历史教师应注意授课的生动性、形象性和语言的趣味性，进一步激发学生学习历史的兴趣，是提高中学历史教学的重要环节。那种脱离学生实际，对刚进入初中的学生就实行"理论性"和"系统性"教学，把历史讲得干巴巴的，使学生昏昏欲睡，必然收不到好的教学效果。

五、介绍方法，培养能力

良好的学习方法是提高学习效果的重要手段。为了让刚升入初中的学生尽快地适应中学历史教学，要向他们介绍一些必要的学习方法和读书方法。如怎样预习历史课文，怎样写批注，怎样写提纲，怎样听课，怎样记笔记，怎样读历史地图，怎样做各类作业，怎样复习和记忆课文中的历史内容等等。中学历史教学与小学历史教学不同，中学历史知识量大，理论性和系统性较强，要求学生理解和掌握的内容多，再加上中学课程门类多，要求高负担重，学生原在小学那种"上课听，抄笔记"和"回家背答案"的学习方法，远远不能适应中学历史教学的需要。很多学生小学历史成绩甚好，一进入中学后便大步后退。这里原因固然很多，但没有掌握良好的科学的学习方法和读书方法是其主要原因之一。因此，中学历史教师对刚升入中学的初一学生要有目的、有计划地介绍一些科学的学习方法、读书方法和记忆方法等，培养学学生的能力，以促使学生尽快适应中学历史教历史知学，从而提高中学历史教学效果。

高一新生如何学习高中历史①

教材解读——了解每一天

初、高中历史课程标准要求和历史教材中的史实、史论存在一定重合，但也存在更多的不同。

1. 学习目标——知能并重，突出思维能力的培养

在《初中课标》中，对学生学习的目标层次要求基本是"知道""说出""了解"历史事实的低水平上，而《高中课标》的要求既包括"了解""简述"的基本要求，也包括"归纳""概括""理解"等理解水平要求和"分析""探讨""评述"等应用水平要求，识记、理解和应用三个层次的要求并重，尤其注重学生在历史学习过程中的历史思维能力和方法培养。

如在叙述中国近代经济发展时，《初中课标》规定要"讲述张謇办实业的故事，了解近代民族工业曲折发展的状况"；《高中课

---

① 本文撰写于2013年，是应学校要求组织历史教研组几位教师编撰的《株洲市第四中学初高中历史衔接教材》中的"第一章 高一新生如何学习高中历史"（内部使用）。我虽是本校本课程的主编，因其他内容的初稿为其他教师撰写，故只收入本人自己撰写的这一章内容。

标》则要求"了解民国时期民族工业曲折发展的主要史实，探讨影响中国资本主义发展的主要因素"。

以上转变要求高中阶段学生学习历史时，既要继承初中阶段系统记忆基本历史事实的方法，又要注重思维能力的培养、对基本事实进行归纳、抽象和评价等，对历史的认识要从表面的感知接受到较高层次的理解判断。高中历史的学习要求学生在掌握历史知识的过程中，既有能力的训练，也有对史学方法的了解和运用，更有态度、情感和价值观的体验与培养。

作为高一新生，一定要尽快转变观念，形成对历史学习的正确认识，实现从以事实记忆为主到知识能力并重、突出能力培养的转变，实现从被动接受知识到主动理解思考的转变，实现从短时间突击到日积月累的培养思维意识和能力的转变。不能误以为历史学习就是简单的背背、记记，要注重历史事件发生的原因和背景的分析、正确分析历史事件和历史人物的影响，注重对比联系、归纳总结。

2. 学习体系——采用模块专题式的历史学习体系

高中历史课程的另一个重要变化，就是对历史知识体系进行了重新整合，改变了初中历史课程的编排体系，以模块专题式和中外历史合编的形式构建了高中历史教学内容的新体系。初中历史分中国和世界两大部分，分古代、近代和现代三个时间段叙述，而高中历史必修部分以政治史、经济史和思想与文化史三大模块 25 个专题形式重点介绍中外历史上的重大历史事件，以专题为线索，中外历史混编。每一模块和专题独立成体系，但同一模块内的专题，在内容上有着相近的学习目标和内在逻辑联系。

模块专题式编写体例是建立在中外编年体例的基础上对历史知识的再整合，模块专题式学习也要建立在掌握人类历史发展的基本脉络、并对其中的重大问题有基本了解的基础上。

　　这就要求学生在开始高中历史学习之前，进一步巩固以时间为序的历史知识体系，熟悉人类历史发展的基本线索、规律及重大历史事件。在高中模块专题式的学习中，要注意联想历史事件发展的时代背景和相关事件，全方位多角度的认识思考历史问题。在学习政治史专题时要注意联系经济和思想文化方面的知识，从经济根源和思想文化基础方面分析政治制度演变的原因、从对经济发展、人民生活、思想潮流和文化发展等方面分析政治事件的历史意义影响等。比如，在学习《必修一（政治史）》辛亥革命这一政治事件时，我们不仅要分析辛亥革命的发展对中国封建制度的冲击和对民主政治发展的影响，还要注意思考其对民族资本主义经济发展、对人民生活和习俗、以及社会思潮的影响。

　　不难想象，如果对以时间为序的人类历史知识没有基本的感知了解，我们要对其中某一事件和专题问题进行全面多角度的认识和理解就很难做到。

　　3. 学习内容——侧重重大历史事件的深入翔实掌握，侧重原因、背景、地位及影响的分析

　　初中历史旨在引导学生对人类历史发展脉络有比较清晰的了解，对重大历史事实大体感知。与初中相比，高中历史分专题突出重大历史问题和事件的深入学习，注重对历史事件的前因后果及其演变过程的全面分析和科学判断。

　　这一转变要求高中学生要从对历史事件的基本感知提高到对历史事件的全面认识、深入分析，把主要的精力从了解历史事件的概况转移到历史事件发生背景原因的全方位分析、对历史性质和历史地位的准确定位以及对历史影响（意义、作用）的准确全面认识。学习的方式也要实现从阅读记忆到阅读理解——分析思考——感悟判断的转变。要注意在课堂上按照教师的指引积极主动的思考、大

胆敏锐地发现并准确冷静地判断历史事件之间的内在联系，再从联系入手分析历史事件在人类历史中的坐标，以点带面、发现历史的真实面目。

4. 史学观念——全球史观，侧重中外历史的综合联系

初中历史课标分中国和世界两部分叙述，便于学习和把握。但把中国和世界割裂开来，一定程度上影响学生正确历史意识和观念的形成。高中历史坚持全球史观，以专题为线索，把中国融入世界，把中国作为世界的部分进行讲述，注重中外历史的整合与贯通，便于学生科学历史观念和意识的形成。如《必修·政治史》部分，将"新中国的外交"作为"二战后的世界格局"专题的一部分，在世界大背景下叙述中国外交。

这一差异要求学生在升入高中后，一方面要转变思想观念，切实树立全球意识、整体意识。不能习惯性地把中国和世界并列甚至对立起来，要牢固树立中国历史是世界历史的一部分的观念，明确中国文明的演变与世界其他文明紧密相连。另一方面要校正思维方法，把中国历史问题的分析放到世界文明的大背景中，注重中外历史的联系与比较分析，总结世界不同文明之间的差异与相互作用。如学习明清时期的中国历史，我们要注意联系世界历史发展的趋势、联系资本主义文明的崛起，进而对比中西文明的发展差异、分析二者之间的碰撞对世界历史的影响。

5. 学习方式——突出学生在学习中的主体地位，倡导新型历史学习方式的培养

高中新课程的历史学习方式提倡自主、探究、体验和合作。要真正让学生自己学习历史，而不是让学生等待老师来灌输。

自主学习要求学生要养成独立思考的学习习惯，能对所学习的内容进行比较、概括、阐释和判断；能独立的预习阅读、发现问题、

发现历史问题之间的联系。

高中的历史学习，除了接受课本和老师提供的一些基本知识方法外，还要注重探究学习，善于发现问题，积极探索解决问题的方法。在老师指导下，主动参与教学过程中，提出问题、分析问题和解决问题。通过对历史知识深化理解、迁移整合，探究规律、总结认识。

体验学习就是要在深刻认识理解历史事实的基础上，对其蕴涵的情感价值进行体会，与历史产生思想的共鸣，如对历史上以人为本、善待生命、关注人类命运的人文主义精神的理解。

合作学习就是学习与他人，尤其是具有不同见解的人合作学习和交流。学会与老师和同学交流合作，开阔自己的思维，借鉴他人的结论、思路和方法，完善自己的方法结论。

心理准备——认识每一天

高中历史作为高考科目与初中历史学习存在很大差别，这是一个不争的事实。然而，同学们考入高中后，对当前高考改革形势一无所知，在学习方法上，视机械背诵教材知识为唯一法宝，不愿认真听讲，缺乏积极的思维习惯，认识不到训练的意义，不做平时积累、循序渐进的打算。高中历史教科书，从编写到体例，从观点到史实，从容量到质量，从广度到难度，都跃上一个新的台阶，这是历史学科本身发展的必然，也是社会进步和高考改革带来的结果。缘于此，高中历史教师会对同学们在历史学习方面提出更高要求。同时，如何更新观念，适应新形势，学好新教材，也是摆在每一个高一新生面前必须面对的一道难解的方程式。

学法指导——学好每一天

1. 理清主线，建构历史知识体系

系统的知识是能力的基础。知识的掌握离不开记忆，但记忆并不等于死记硬背，透彻的理解是记忆和掌握知识的前提。对高一新生来讲，教材内容看似支离破碎，且不按时序进行编排，这种错误无疑是学习的最大障碍。因此，高一学生首先应在单元、课的内部理出清晰的"目"，务必因果关系明了、逻辑清晰、概括精练、重点突出，这是学习历史最基本的要求。其次，给单元、课以准确的"定位"，即阐释清楚每一单元、课在教材知识体系中的位置，犹如电脑网络，随时可调用自己所需要的东西。再次，牵出串在单元课之间的"纲"，即教材的主线。

2. 弄清历史概念，揭示历史内涵

历史概念是人们对历史事件、历史人物、历史现象的本质的、整体的、内在联系的认识的反映。高中历史许多概念比较抽象，有简单概念与复杂概念之分。简单概念指单纯的主要靠识记的知识概念，如"割地""赔款"；复杂概念是指需一定的思维能力去理解并弄清其外延、揭示其本质的概念，如"半殖民地半封建""革命""改革""改良"等。在学习过程中，准确把握对历史概念的理解，是培养学生思维能力的需要，也是深刻领会教材内容及沟通历史知识的需要。许多同学反映，把历史课文记得很熟，为什么做题目总是错误百出。其实，这其中的一个因素就是对历史概念的把握不够准确全面。因此，在学习历史过程中，必须学会对历史概念的准确理解，才能较全面地掌握历史知识，探索历史发展规律，提高历史答题能力。如"租界"和"租借地"："租界"是19世纪至20世纪中期，资本主义（帝国主义）列强在华通商口岸开辟、经营的居留、贸易区域，是列强对半殖民地国家进行侵略的据点；而"租借地"是 19 世纪后期列强主要出于军事目的向弱小国家租借大片战略要地。二者在主权所有、地理位置、时间限定、司法等方面有很多区别。

3. 学会纵横比较，加深知识理解

比较法是培养学习历史思维能力的重要方法。平时，在学习中应注重对历史事件进行比较分析，找出其异同处，加深对史实的理解，培养自己的发散性思维能力。在学习过程中，要注意把同一国家或地区不同历史阶段的历史现象进行比较；也可以对同一时代不同国家或地区的一些历史现象进行比较；也可以对性质相同的历史现象进行比较；还可以对性质不同的历史现象进行比较。比较时，要先找好比较点，一般是背景要素中的原因、条件、目的；内涵要素中的经过、内容、特点；后果要素中的结果、性质、作用、影响等。比较的目的是找出它们各自的本质特征和不同点，明确它们之间的内在联系和相同点。概括分析得出一定的结论或认识，以准确、深刻地认识历史事物。如通过对辛亥革命与国民大革命的背景、领导阶级、结果和失败原因等方面的对比分析，联系中国民主革命胜利的原因，可以得出以下结论：中国革命要取得胜利必须反帝和反封建同时并举；必须建立革命统一战线，敢于放手发动群众，团结一切可以团结的力量。

4. 正确分析事物，培养应用能力

分析、评论重要历史事件、历史人物，是培养思维能力和应用能力的重要途径。教科书为我们提供了大量分析历史事件的范例，而同学们一般缺乏科学的分析方法，如把历史现象与历史结论分割开来。对此，同学们要学会一些分析历史现象的基本方法。如学会运用辩证唯物主义和历史唯物主义的基本原理分析历史现象和历史事物，揭示其本质，阐述历史发展的规律，培养自己全面地、辩证地分析问题、认识问题的能力。如对鸦片战争的评价，同学们要学会辩证地分析，避免绝对化，既要看到鸦片战争使中国开始沦为半殖民地半封建社会，中国的民族危机日益加深；也要看到鸦片战争客观上促进了中国商品经济的发展，有利于民族资本主义的产生；也促进了"向西方学习"新思潮的萌发，爱国知识分子开始重新认识世界，探索救国之路。

学习策略——培养每一天

有人曾专门做过高一新生历史学习调查，其调查结果有两个方面值得我们高一师生注意。①

第一，高一新生在历史学习中存在如下困惑：时间不够用（指课后学习时间，笔者注）；想背书但不知道背哪部分；做题时只想着查书或参考答案；很难将历史知识点归纳起来；记忆慢，记住了很快又忘了；要记的知识点太多，理解性的东西太多；材料题不会做；回忆老师讲解或教材总会有遗漏；记忆不准，容易混淆；对老师分析的东西不感兴趣，听课注意力不集中；不知道怎样记笔记；不知道怎样学历史，很迷茫。

第二，高一新生对课堂教学存在如下期望：希望老师多详细解释名词概念，发现好多名词我以前会用，现在好像什么都不会了；希望老师每一课都严格按照教材讲课；老师将重要的知识点让学生抄写下来，要求学生背；将重要的知识在书上划下来；提醒学生哪些是重点，将历史背景、内容、影响抄给学生，否则容易记乱；将重点多读几遍；明确告诉我们下节课提问什么内容，最好告诉我们

---

① 刘党恩. 高中新课改背景下历史学习困境及其原因与学生的应对策略——关于高一新生历史学习的调查报告.

在课文的哪一段；不要讲得太快（指教学进度，笔者注）；多讲些故事，用讲故事的方式讲课，我们初中老师就是这样，而且效果很好；对完不成任务的学生要严惩；多补充些课外知识，我以后学理科，只想多了解一些历史知识；多讲解习题，多讲些历史学习方法。

策略一：端正学习态度

现在高中学生在历史学习方面主要存在两个方面的问题，亟须我们解决：

第一，学生学习的主体意识不清，学习主动性不够，强调记忆而忽视学习过程本身。这些问题在学生对老师的期望中真实而突出地表现出来。依据建构主义理论，历史知识是学生在自己当前所处的社会环境下，通过老师的帮助和同学的互助，利用课本、教辅资料和其他学习资料，通过意义建构而获得的；历史学习过程是学生依据自己已有的历史知识和经验，对教材和其他资料以及教师的讲解主动地选择、加工、处理，从而获得自己的历史学习意义，丰富、发展自己的历史知识和经验，提高自己的认知水平。但从同学们对历史学习的主观评价来看，表面上是对老师的过度信任、期望，实际上是学生历史学习自我主体的缺失，依赖教师精细讲解的结果而非师生探讨的过程，期望教师的严厉要求而非主动探求知识，偏重历史知识的记忆而忽视历史学习的认知过程。

第二，功利主义思想泛滥。准备学理科的同学将自己"为什么学""学什么"定位在开阔视野的层次上，而对"怎么学"也仅仅定位在了解的层面上。学生对课堂教学"重点"关注太多，表面上看是好事，其实不然。什么是"重点"？课标有解释：重大的历史事件和历史现象、重要的历史人物、基本历史结论，历史发展的规律和阶段特征等，也就是老师们经常讲的主干知识点和基本技能。然而大多数学生关注"重点"的出发点并不是这些知识和技能的本身，而是考试、做题经常用到的，或是经常犯错误的内容。在应试教育环境下，我们可以不埋怨学生，但它真实地反映了与新课改背道而驰的依然具有强大生命力的学习观——考什么、学什么。我们一线老师发现了一个规律，最能引起学生注意的方法是告诉学生这里是高考经常"光顾"的地方。究其原因，除了高中文理分科教学和学生个体对历史学习兴趣的差异外，更深层次的原因是当前高中历史教学评价和学生学习方式转变不到位造成的。"现代认知心理学派认为，要想理解行为，就必须理解行为背后隐藏的过程。高中新课程十分重视对学生学习过程的评价。"然而，在高考指挥棒没有根本改变的情况下，期望高中历史教学和评价有根本性的改变也是奢谈。

策略二：培养学习兴趣

兴趣是最好的老师。有些同学历史没学好主要是因为对历史没有兴趣，误认为学历史就得死记硬背，就得大量地背时间、人物、地点、事件等。其实这是误解，历史中的重要人物、地点、时间等当然要背了，但要看怎么背，有的人理解地去背，有的人死记硬背，背的效果截然相反。对学习历史有兴趣的人就会主动地去背，理解地去背，就能把握历史学习的要求。在我们生活中，人们谈论的许多事情经常和历史有关，可能是古代，也可能是近代史或现代史，只要我们留心把它和书本的东西结合起来，就能对学习历史产生兴趣。

有些同学对学习历史不感兴趣是因为觉得学习历史没有什么意义或价值。实际上，历史学习在普通高中教育教学中占有重要地位。普通高中的历史教育是要求同学们在初中历史学习的基础上使每一位学生了解人类社会的发展过程，从历史的角度去认识人与人、人与社会、人与自然的关系，从中吸取智慧，提高人文素质，形成正确的世界观、人生观和价值观，从而更好地在德、智、体、美等方面全面发展。另外，从现实功利来说，高中毕业会考和文科高考，都需要学好历史知识。一旦同学们对学习高中历史有了兴趣，你离学好历史就已经不远了。

策略三：读好历史教材

1. 树立正确的"教材观"

要明确教材是掌握知识和提高能力的材料和载体，而不是知识和能力本身，学生要发挥个人的主观能动性，通过对教材上各种感性材料进行理性的思考、判断和归纳，发现知识，掌握知识；通过阅读教材发现提炼问题、解决问题，提高能力。不能以"本"为本，完全依赖教材，很多学生在考试时，只是把教材的内容搬到试卷上，成绩较差。

2. 重视教材的目录和引言

注意结合教材的目录、单元引言和课前引言，把握知识线索和知识之间的联系，做到系统掌握知识。目录、单元引言和课前引言是对对相关知识的概括和提炼，体现了知识的内在联系。在学习和复习一个知识模块之前，学生应先通过浏览教材的目录，了解模块知识的主要内容及内在关联，通过阅读单元目录，进一步明确各单元知识之间的关系和每一单元知识的主要内容。

3. 正确对待和利用教材的大字、小字、图片（图表）、注释及其他信息材料

很多同学看书只是看大字部分，对教材上的其他材料视而不见，认为小字部分和注释等无关紧要。一般来讲，大字部分是正文，小字部分、图片（图表）和注释是对正文部分的说明或拓展。学生在阅读教材时，一要关注非正文部分，尤其是与主干知识和重点知识有关的非正文部分。如教材中的"知识链接""资料卡片""历史纵横""资料回放""史学争鸣"对正文中出现的重要的历史知识、名

词等做简要的解释、补充，起到帮助理解正文和开阔视野的作用。二是要注意从文字材料和图表材料中归纳获取更深刻具体的结论，强化对主干知识的理解掌握。三是阅读历史图画、表格，提高观察力，想象力。高中历史教材中的图画有历史人物画，遗址图以及历史场景等。多读图画可以提高观察力，想象力，使新学的历史知识更直观，更立体，更丰厚。这些图画不少还是艺术精品，可以给我们以美感。我们还可结合小字部分或图表（图片）提炼设置问题，并结合所学知识自主解决，训练提高归纳概括能力和分析解决问题的能力。四是阅读历史地图，形成时空观。古人治史，尚且"左图右史"，我们学习历史更要结合地图。课文本身有地图，另有单独的历史地图册，边读史书，边对照地图。如有些地图是战争形势图，体现战争动态过程，结合地图用彩笔勾勒，了解战争的经过，结果，以便形成立体的、完整的空间观念。近些年高考历史试题加大考查历史地图的比重。学生学习历史最忽视读图，所以要格外重视。五是阅读书后年表，理清历史线索。课后的大事年表要反复读，每册所附的大事年代一定要牢记。只有记住年代，才能对庞杂的历史有清晰的认识，才能形成系统的历史知识。六是注重利用教材中的"学习思考"、选修的"学思之窗"目的是提高在学习过程中发现问题和思考问题的能力，启发创新思维。有的答案开放性很强，不仅仅局限于教科书，需要同学亲自动手动脑去查资料，做思考，梳理逻辑和线索，培养了研究历史问题的能力。

4. 要注意在教材上记录自己对知识的理解和思考的痕迹，以逐步深化对知识的掌握

在阅读较教材的过程中，要注意将自己对知识的深层次理解思考、发现的前后知识之间的联系以及理解问题的更多角度等记录下来，注意把自己所认为的重点知识和对知识的提炼整合标识出来，

把自己总结出来的经典问题和解决不了的疑难问题记录下来。要注意用不同颜色的笔记来体现不同时间对知识的理解思考情况。

策略四：做好学习笔记

历史学习笔记是人脑的硬盘，是学生记忆的延伸和扩大，是高效学习和复习的保障，是提高学习时间效率的保证。做历史学习笔记能够更好地将注意力集中在意义学习上，能够有效地调动我们的各种感官进行学习，大大提高学习的自主性。"自主学习是学习的前提，任何学习方式的实现，都必须以自主学习为前提。"做历史学习笔记不仅是记录问题的载体，更是生成问题的载体，他能促进我们在学习过程中主客观相互交流，获得新知识，形成新的心理建构的重要过程与途径；能提升我们的综合能力。

如何做高中历史学习笔记呢？一是以自己的需要为核心。二是在具体操作方面，我们可以按照日常历史学习组织过程分为预习笔记、课堂笔记和巩固复习笔记。

课前预习笔记，首先是学生预习教材文本，其次才是做笔记，这是高中历史学习的重要环节，也是最容易被学生忽视的环节。做阅读笔记的方法、种类很多，如批注、摘录、提纲、心得等。高一新生预习笔记可包括概览以列出提纲、精读以解析历史信息、深思以融会贯通。也就是带着任务和问题去阅读历史教材，按照一定的步骤循序渐进，以避免课前预习的盲目性，取得良好的预习效果。另外，在预习笔记中应注意几点细节：第一，若发现与新课相关的旧知识掌握不牢时，一定要回过头去把旧课弄懂；第二，如果感到无从下手，可以结合学校配套的教辅资料中的相关提示或"导学案"中相关要求、设计进行，但是切记不能以教辅资料"课前预习"的内容代替自己对教材文本的预习阅读和历史解读。第三，可以结合教师和自己的实际情况，利用各种资源搜集相关资料或者做一些调查，以丰富自己的认识。第四，未知或不懂的问题一定要记录下来，向老师、家长、同学或其他人请教。

　　课堂笔记，是指学生在常规课堂上所做的笔记。立足于自己的不解和未知主动记笔记，不仅是课堂学习的重难点和教师对相关教学内容补充的纪录，还是我们质疑、归纳教学内容的重要依据。在具体笔记内容上，可因人而异，但有几种情况是必须记的：一是教师要求的或强调的；二是教师板书内容（特别是历史知识结构性的内容）或多媒体课件中具有总结性、规律性的内容；三是在师生互动或同学讨论中受启发的内容；四是在课前预习或课堂阅读中生成的问题（也就是未知和不解的内容），具有释疑解惑作用的内容；五是自己感兴趣的内容。在笔记方式上，可以做在专门的历史课堂笔记本上，也可以做在"导学案"上，还可以在教材上点、圈、划，进行批注、列提纲。另外，我们在做课堂笔记时应注意三个细节：一是对预习中未知或不懂的问题在教师讲解时一定要保持高度集中的注意力；二是听课中要将老师讲解的内容与自己预习的内容进行比较，加深理解和记忆，并纠正自己的主观理解错误；三是课上要积极发问，并将课上没有机会解决的问题记录下来，以便课后解决。

　　课后复习笔记，重在补充、调整、完善先前的笔记内容，甚至可以说是对某一课学习的延伸与复习，也是自我检查学习效果的阶段。其具体做法，一是追记课堂来不及做笔记的重难点内容。二是借助老师或其他同学的笔记对比，在对比中辨伪、补充、调整，以补缺补差。最终实现"三化目标"：知识问题化、问题要点化、要点规范化。三是处理好释疑与生疑的关系。"释疑"，既解决在预习和课堂教学中自己的问题，掌握基础知识；"生疑"，即在掌握基础知识的基础上进一步深入地思考和探讨自己感兴趣的问题。这对那些对历史特别感兴趣的同学非常必要。

策略五：高效记忆历史

识记能力是历史学习的一项基本能力，快速持久的记忆是历史学习所必需的，记住很快就忘也是很多同学所苦恼的。如何准确高效记忆历史知识？以下记忆方法可供同学们参考。

一要做到理解记忆，"识记"而不是"死记"，要先下功夫对知识理解琢磨，明确它的前因后果、来龙去脉以及与其他知识的关联后，再开始着手记忆。我们还可以将一些枯燥的历史知识转化为自己的历史故事储存于大脑中；将难于记住的知识编成顺口溜等消化记忆。如第二次鸦片战争中《天津条约》增开的十个通商口岸，可用这样的口诀记忆："《天约》增开十口岸，长江镇南及九汉，沿海营烟再加汕，岛上还有琼台淡"，很简单方便地就将长江流域、沿海以及海岛上的通商口岸记住，不仅好记，而且不容易遗忘。

二是要注意系统记忆，历史知识和问题纷繁复杂、头绪众多，只有系统的记忆，才能提高记忆的效果，才能在考试时快速准确的调用所需要的知识

三是要根据遗忘规律及时巩固、反复记忆。遗忘是正常的，而避免遗忘的基本方法是及时巩固、重复记忆。要在每一节课后要对课堂的内容及时复习巩固，强化理解和记忆。一单元或一个模块内容学完后再及时对这一部分知识及时系统复习。另外要想减少课下的复习时间，就要努力提高课堂的效率。重复是记忆之母。我国当代著名桥梁专家茅以升，80多岁高龄还能熟练地背诵圆周率小数点后一百位以内的数。有人向他请教记忆诀窍，他的回答是："重复！重复！再重复！"

四是要注意化整为零、各个击破、分散记忆。很多同学平时不用功夫，一到考试之前就感觉时间不够用，背不完、记不住，一个

月所学的内容可能需要几天才能复习一遍，一个星期所学的内容需要几个小时才能巩固好，可是一天所学的内容在课后及时复习，可能只需要几分钟就可以巩固。所以在学习过程中要努力做到当天的知识当天掌握、当周的知识当周掌握、当月的知识当月掌握，注重积累。

03

校本课程初探

基础教育的课程开发，主要是指基础教育各级各类学校依据国家的教育方针政策、课程计划和课程标准，从所在学校和学生实际发展需要出发，制定出具有学校特色和个性特点的课程目标，再依据这一目标筛选和开发某个或某些学科课程，包括教学内容和相关教育教学活动，如教育教学计划、组织、实施、评价、修订，等等。

　　教师从事基础教育课程开发，应注意遵循教育教学规律、相应的教育教学原则和教育教学策略，不要为开发课程而开发课程。突出时代性、特色性、基础性、操作性、实效性、发展性，应是基础教育课程开发的应有之义。

　　就历史基础教育而言，历史课程的开发要立足于学校和学生实际，坚持以历史唯物主义理论为指导，突出历史的基础性、时代性、科学性和教育性，坚决杜绝开发那些不科学的所谓"秘密史""真相史"之类的课程。在课程选择上，以问题为核心，确立研究主题；以研究为铺垫，构建课程体系；以乡土史、专题史、活动课为载体，开发出丰富多彩的历史课程，如历史衔接课程、历史适应性课程、历史学习策略与方法课程、促进个体特色发展课程、历史与人生规划课程、历史核心素养课程、历史专题学习课程、名胜古迹览胜课程，乡土人物与习俗课程等。

卷首语

常听人说：历史是什么？学习历史有何作用？

历史，就是过往的人物活动、众多的事件和纷繁的社会现象。人有贤愚忠奸，伟大与平凡；事有成败得失，正义与邪恶；社会现象则有善恶美丑，勃兴与衰亡……

历史有自己的发展轨迹，它不以个人的意志为转移，它犹如航行在大海中的巨轮，虽多起伏曲折、沉浮不定，但它总是沿着自己的航线，乘风破浪而勇往直前。

学习历史，小可以长见识、增智慧、陶情操、修品德、树理想、成事业，大可以传文明、益人民、爱国家、兴民族、平天下。

政治家不是那种不食人间烟火，一身清白、毫无瑕疵的神仙菩萨；也不是玩弄权计、破坏纲纪与祸国殃民的贼臣逆子；更不是那种将个人意志凌驾于民族、国家利益之上，拿民众的幸福与生命豪赌个人命运的战争狂客。真正的政治家，是在民族兴衰、国家存亡的生死关头，不计个人得失，敢于挺身而出，用自己的热血与智慧，挽狂浪于即到、救生灵于涂炭、昭真理于天下、抵外侮于国门的铮铮铁汉；是在和平的年代辛勤耕耘，丰富与发展了民族的思想、文化、艺术、科技、经济……促进了民族繁荣与进步的伟岸丈夫！如果说人民群众创造了历史是放之四海而皆准的真理，那么，政治家更是集合了全民族的智慧与力量，在民族迷惘、国家黑暗的年头，昭示了历史前进方向的指路明灯，是最能代表全民族大多数人民的智慧、利益的大圣大哲！是他们构成了一个国家与民族源远流长的精神纽带。

《历史人物浅谈》作为校本教材，将分上、下两册编写，每册编写 10 课，分 18 个课时讲授。其中，上册向大家展示的是中国历史上著名的政治家；下册向大家展示的是世界历史上著名的政治家。

说　明

《历史人物浅谈》（上）是依据《〈风流人物〉系列历史校本开发方案》编写的。

1. 本册教材为校本选修教材，供高一、高二年级学生选修。教材共 10 课，开设 18 课时。其中，第 1 课"黄帝"、第 5 课"隋文帝"开设 1 课时，其他各课开设 2 课时。

2. 本册教材设置了"卷首语"。主要是说明本册教材的主要内容、特点、历史发展的宏观线索，并适当涉及了学习历史的价值。

3. 课文分"标准课文"和"活动课"。

4. "标准课文"的体例与基本结构

（1）课文标题。课文标题包括"课文"标题和"子目"标题。

（2）每课设置"课前导语"，主要是提纲挈领概括每课内容，并设置了相关悬念问题，旨在激发学生学习兴趣，吸引学生注意力、使学生了解每课学习内容，学会独立学习课文。

（3）正文。"正文"是要求学生必须掌握的基本内容，其特点是简洁明了、重点突出。

（4）小字。"小字"是正文内容的补充，不是必须掌握的内容，故在内容选择上丰富多彩。

（5）历史图表。"历史图表"包括各种历史图画、历史地图、历史表格和历史图示等。所有图画，除少数标有★的图画需要记忆外，其余不做要求。

（6）课内思考题。"课内思考题"是依据课文的相关内容而设计的，强调发散思维，提倡各抒己见，答案不求唯一。

（7）注释。"注释"包括注音、课文与地图中的古今地名对照、年代、事件、人物和难懂字词的释义。

（8）练习活动。"练习活动"分二类：一类是必须完成的选择题练习；另一类是开放性练习，提倡各抒己见，发挥每一个学生的积极性、主动性和创造性。

6. "活动课"的基本体例与结构

（1）活动课基本类型包括组织讨论、演讲比赛、调查研究、参观访问、绘制图表、办历史报刊、仿制文物、历史故事会、历史影视评论等等。

（2）活动课编写结构

①活动知识准备。主要编写了一些有利于学生开展活动的相关知识，旨在保证学习活动的顺利开展和取得实际效益。

②活动资材准备。主要包括与活动相关的图书资料、文物资料、活动工具、活动场地等，旨在为活动课成功奠定基础。

③活动组织。主要是为我们组织活动的建议，供教师和学生参考，以确保活动的成功。

④活动评估。主要是就相关活动提出具体的评估要求和建议，以确保评估的功效得以充分实现。

7. 由于时间紧，编写比较匆忙，来不及审读校对，更谈不上精雕细琢，因此文中谬误肯定不少，敬请老师和同学们在使用过程中，注意编校斧正，并将相关意见反馈给编者。

编者：汪瀛

2009 年 2 月 12 日

内容选登

目　录

第 1 课　黄　帝 ························· 132

第 2 课　秦始皇 ························· 139

第 3 课　汉武帝 ························· 148

第 4 课　诸葛亮 ························· 158

第 5 课　隋文帝 ························· 179

第 6 课　唐太宗 ························· 187

第 7 课　康熙帝 ························· 199

第 8 课　孙中山 ························· 212

第1课　黄　帝

黄帝是一位传说人物，是中国历史上第一个伟人，是奠定中华文明的第一座基石。由于时代久远，且当时无文字记载，历史上关于黄帝的传说众多，有些甚至荒诞离奇、玄乎又玄。历史上的黄帝究竟一个什么样的人？他对中国历史的发展做出了哪些重要贡献？我们能依据史料，并结合上古神话传说，对历史上的黄帝做一个遥远的透视吗？

轩辕之诞　黄帝的诞辰是农历三月初三。至于具体出生地点，史学界并没有统一的观点。古人认为黄帝出生有熊国都城，其父少典为有熊国国君，但也有人认为在其他地方。黄帝长到 10 岁，就有明确的责任感，离开家乡，到处拜师学艺，遍访名山。少典逝世后，黄帝继任父业，开始施展自己政治抱负。

★黄帝以首先统一中华民族的伟绩而载入史册。他播百谷草木，大力发展生产，创造文字，始制衣冠，建造舟车，发明指南车，定算数，制音律，创医学等，是开创中华民族古代文明的先祖。传说中远古时代华夏民族的共主，五帝之首。

传说一：黄帝出生于中国西北黄土高原的沮源关降龙峡。在传说中黄帝的母亲是黄土高原上的一名少女，一天傍晚（也有说是夜晚）突然看见北极光，然后就怀孕、生下了黄帝。

132

传说二：在公元前4856年前，在今河南新郑的轩辕丘有个龙图腾的国家，君主名曰少典氏。他是伏羲帝和女娲帝直系的第七十七帝，他的夫人有二，一是任姒（女登），二是附宝，她们是姐妹，是有蟜氏之女。在今新郑市区北关的轩辕丘的有熊国的宫殿里，传来了婴儿出生时呼吸大自然之气时的"哇哇"哭啼声。这一说法得到包括中国古都学会在内的部分民间机构的认可。

黄帝。——《国语·晋语》黄帝者，少典之子，姓公孙，名轩辕，黄帝居于轩辕之丘。——《史记·五帝本记》昔少典娶于蟜氏、生

传说三：黄帝生于山东省曲阜市周围。据古史记载"黄帝生于寿丘""寿丘在鲁东门之北"，而寿丘位于曲阜城东四公里的旧县村东。

传说四：黄帝生于天水，在上邽城东70里轩辕谷。天水在今甘肃天水市，少典族最早的确曾活动于甘肃一带，具体来说，就是洮河、湟河、大通河、黄河流域的河谷地带。

由于无法断定黄帝出生的确切地点，所以现在全国各地出现了许多黄帝陵，纪念我们中华民族的这位祖先。

武平天下 黄帝15岁就被民众拥戴当上部落酋长，37岁登上天子位，一生共历经52战。在炎帝后期，黄帝于乱世起兵，以德号召天下，战败炎帝于阪泉，代炎帝为天子，后又战胜蚩尤于涿鹿之野，结束了远古战争，统一了中华民族，建立起中国第一个有共主的国家。中华文明时代由此产生了。

蚩尤与黄帝之战，载籍所见，有三种说法：一说是黄帝胜炎帝之后，再胜蚩尤而巩固帝位，黄帝与蚩尤之战似为黄炎之战争的余波；另一说是蚩尤驱逐赤帝（即炎帝），赤帝求诉于黄帝，二帝联手杀蚩尤于中冀；三说是蚩尤作兵攻黄帝，兵败被杀。

传说，黄帝与蚩尤一共打了三年仗，交锋了72次，前后经过阪

泉之战、冀州之战和涿鹿之战。最后把蚩尤消灭在涿鹿之野。

有人认为，远古时代的这场战争，结束了部落时代的历史，各部落的人都愿归顺轩辕，一致拥戴他为盟主。从这时起，世界上第一个中央有共主的国家建立起来，中华民族开始形成，从此以后，人们都尊称轩辕黄帝为中华民族的始祖。

> 轩辕乃修德振兵，治五气，艺五种，抚万民，度四方，教熊罴貔貅貙虎，以与炎帝战于阪泉之野。三战然后得其志。蚩尤作乱，不用帝命。于是黄帝乃征师诸侯，与蚩尤战于涿鹿之野，遂禽杀蚩尤。
> ——《史记·五帝本纪》

务德修政　黄帝在一统华夏族过程中，设官职，举贤能，大治天下；推历数，祭山川鬼神；造弓矢，建房屋，作衣服，兴文字，制乐器，创医药，造舟车，教蚕桑，种五谷，发明指南车等等，使人们逐步走向了文明有序的生活道路。正因为如此，后世尊称轩辕黄帝为：文明之祖、人文初祖。

根据中国古代书籍的记载，有关黄帝的贡献传说甚多。

在精神文明方面，他令隶首作数，定度量衡之制；风后衍握奇图，始制阵法；伶伦取谷之竹以作箫管，定五音十二律，合于今日；元妃嫘祖始养蚕以丝制衣服；仓颉始制文字，具六书之法；与岐伯讨论病理，作内经；使大挠作甲子，以十天干配合十二地支以纪时沿用至今的农历（甲子、乙丑以至癸亥，共十年为一周期，即道教之六十元辰）；还定祭祀、婚丧、棺椁、坟墓、祭鼎、祭坛、祠庙、占卜等。

> 黄帝作为远古时代的传说人物，他真的有这么多贡献吗？有人认为，黄帝不是一个具体的历史人物，而是一个部落首领的称号，或是一个时代的缩影。你是如何看待黄帝贡献的？

在政治文明方面，建立古国体制：划野分疆，八家为一井，三井为一邻，三邻为一朋，三朋为一里，五里为一邑，十邑为都，十都为一师，十师为州，全国共分九州；设官司职，置左右大监，监于万国，设三公、三少、四辅、四史、六相、九德（官名）共120个官位管理国家。对各级官员提出"六禁重"，"重"是过分的意思，即"声禁重、色禁重、衣禁重、香禁重、味禁重、室禁重"，要求官员节简朴素，反对奢靡。提出以德治国，"修德振兵"，以"德"施天下，一道修德，惟仁是行，修德立义，尤其是设立"九德之臣"，教养百姓九行，即孝、慈、文、信、言、恭、忠、勇、义，进行思想道德建设。在使用人才上，访贤、选贤、任能，因才使用。实行以法治国，设"礼文法度""治法而不变"，命力墨担任法官、后土担任狱官，对犯罪重者判处流失，罪大罪极者判处斩首等。

在物质文明方面，史书记载，黄帝在农业生产方面有许多创造发明，其中主要有实行田亩制。黄帝之前，田无边际，耕作无数，黄帝以步丈亩，以防争端，将全国土地重新划分，划成"井"字，中间一块为"公亩"，归政府所有，四周八块为"私田"，由八家合种，收获缴政府，还穿土凿井。对农田实行耕作制，及时播种百谷，发明杵臼，开辟园、圃，种植果木蔬菜，种桑养蚕，饲养兽禽，进行放牧等。缝织方面，发明机杼，进行纺织，制作衣裳、鞋帽、帐幄、毡、衮衣、裘、华盖、盔甲、旗、胄。制陶方面，制造碗、碟、釜、甑、盘、盂、灶等。冶炼方面，炼铜，制造铜鼎、刀、钱币、钲、铫、铜镜、钟、铳。建筑方面，建造宫室、銮殿、庭、明堂、观、阁、城堡、楼、门、阶、蚕室、祠庙、玉房宫等。交通方面，制造舟楫、车、指南车、记里鼓车。兵械方面，制造刀、枪、弓矢、弩、六纛、旗帜、五方旗、号角、辇、兵符、云梯、楼橹、炮、剑、射御等。日常生活方面，熟食、粥、饭、酒、肉、称尺、斗、规矩、墨砚、几案、毡、旃、印、珠、灯、床、席、蹴鞠等。

巍巍帝陵　黄帝是远古时代的传说人物，他以武功定天下，以文德化万民。相传黄帝年老时铸鼎乘龙升天，臣子放箭阻拦，龙被射伤，飞过桥国时降下休息，黄帝被桥国人拉下一只靴子，埋葬于此。

黄帝陵，相传是中华民族的始祖轩辕黄帝的陵园，它位于黄陵县城北的桥山顶上。

《史记·封禅书》上说，黄帝从首山采了铜，在荆山湖边铸了一口大鼎，这时有天龙下界，垂下胡须迎请黄帝上天。黄帝跨上龙背后，许多大臣和宫女也爬了上去，没有爬上去的便死抓住龙须，结果龙须被拔掉了，而且还把黄帝的一只弓也晃落下来。这样，此处被称作鼎湖，上了天的黄帝被叫作鼎湖龙，落下的弓叫乌号。有诗云"当年龙髯攀无计，此日桥山景更清"说的就是这回事。

黄帝陵区约4平方千米，山水环抱，林木葱郁。参观者到达桥山山顶，首先看见路立的一块石碑，上刻"文武百官到此下马"。陵前有一座祭亭，亭中央立一高大石碑，碑上刻有"黄帝陵"3个大

字。祭亭后面又有一块石碑，上书"桥山龙驭"4 字。再后面便是
黄帝陵，黄帝陵位于山顶正中，面向南，陵冢高约4 米，周长约50
米，陵前40 米处有一约20 米高台，其旁一石碑上书有
"汉武仙台"四字，系公元前110 年，汉武帝刘彻巡游
朔方归来时，祭奠黄帝，祈仙求神时所筑。

黄陵下的轩辕庙里面尚有一些建筑、古柏和石碑
等文物，跨进庙门，左边有一棵巨大的柏树。相传此
柏为黄帝亲手所植，故称"黄帝手植柏"，距今已有
4000 多年的历史了。大殿雄伟壮丽，门额上悬挂有"人文初祖"四
字大匾。大殿中间有富丽堂皇的黄帝牌位，其周围殿墙下还有一些
陈列品

据说全国共有黄帝陵七处，甘肃、河南、山东、河北等地都有
黄帝陵，但只有桥山的黄陵被列为国家重点文物保护单位。新中国
成立后，人民政府对保护黄帝陵十分重视，多次进行整修，并扩展
道路，增建文物陈列室及服务设施。每年来此参观游览，上山拜谒
黄帝陵的人越来越多。

> 黄帝崩，葬桥山。
> ——《史记》

练习活动

一、选择

1.《云笈七羲·轩辕黄帝》中说："轩辕黄帝姓公孙，有熊国少
典之次子也。"这里的"有熊国"应为（　　　）

A. 母系氏族社会中的一个部落

B. 父系氏族公社中的一个部落

C. 中国第一个奴隶制国家

D. 中国古代最早的国家之一

2. 《庄子・大宗师》说："黄帝采首山铜，铸鼎于荆山下"。所此，你认为黄帝应生活在（   ）

A. 旧石器时代

B. 新石器时代

C. 金石并有时代

D. 青铜时代

二、阅读思考

3. 民国二十六年（1937）4 月 5 日，苏维埃政府主席毛泽东、人民抗日红军总司令朱德敬派代表林祖涵，以鲜花时果之仪致祭于我中华民族始祖轩辕黄帝之陵。"赫赫始祖，吾华肇造。胄衍祀绵，岳峨河浩。聪明睿智，光被遐荒。建此伟业，雄立东方。世变沧桑，中更蹉跌。越数千年，强邻蔑德。琉台不守，三韩为墟。辽海燕冀，汉奸何多！以地事敌，敌欲岂足？人执笞绳，我为奴辱。懿维我祖，命世之英。涿鹿奋战，区宇以宁。岂其苗裔，不武如斯：泱泱大国，让其沦胥？东等不才，剑屦俱奋。万里崎岖，为国效命。频年苦斗，备历险夷。匈奴未灭，何以家为？各党各界，团结坚固。不论军民，不分贫富。民族阵线，救国良方。四万万众，坚决抵抗。民主共和，改革内政。亿兆一心，战则必胜。还我河山，卫我国权。此物此志，永矢勿谖。经武整军，昭告列祖。实鉴临之，皇天后土。尚飨！"

——毛泽东《祭黄帝陵》1937 年 3 月

请回答：

（1）概述祭文的基本内容。

（2）透过本文，结合所学知识，你认为毛泽东派林祖涵祭祀黄帝陵的主要目的是什么？

第2课 秦始皇

秦始皇，对中国人来说，是一个既熟悉又陌生的皇帝，他的功过是非历来众说纷纭，作为中国第一个统一的封建国家的缔造者，有人说他是"千古一帝"，有人说他是"绝代暴君"；有人说他功大于过，有人说他过大于功；有人说他是刚正之强人，也有人说他是变态的狂徒……我们应怎样评价秦始皇的功过是非，也许每一个人都有自己的天平，但历史的客观性不以我们个人爱憎意志为转移。

雄才初露 秦始皇嬴政少年随父客居赵国，历经磨难、颠沛和赵人鄙视之苦。13岁继承王位后，又面临太后临朝摄政、"仲父"吕不韦以权谋私、嫪毐荒淫专断的形势。公元前238年秦王嬴政加冠亲政，先后铲除威胁其统治的嫪毐、吕不韦两大势力集团，幽禁太后，为其独揽权柄铺平了道路。

据《史记·吕不韦列传》记载，秦始皇的母亲原是吕不韦的姬妾，吕不韦出于政治目的将已怀孕的赵姬献给当时在赵国作人质的异人（即秦庄襄王），后来赵姬至大期生子政。嬴政5岁时，

★秦始皇（公元前259～前210年），首位完成中国统一的秦王朝的开国皇帝。后人称之为"千古一帝"。

父亲异人将他们母子作为人质继续留在
赵国。于是"两个父亲"的传言一直伴
随嬴政的成长，再加上赵国人的唾弃、
鄙视都让年幼的秦始皇对母亲充满了爱
与恨，也无法发展出对远在秦国父亲形

有人认为，秦始皇的
身世与其成长历程对其
后来施政产生过重要影
响。你认为这种观点对
吗？为什么？

象的认同，更无法发展出对号称"仲父"吕不韦这个也许是亲生父
亲形象的认同。

　　秦庄襄王三年（前247年），庄襄王去世，嬴政即位为秦王。因
他年少，国政由相国吕不韦所把持，并尊吕不韦为仲父。吕不韦既
把持朝廷，又与太后（赵姬）偷情，又献假宦官嫪毐给太后，并与
太后生下了两个私生子。嫪毐亦以王父自居，在太后的帮助下封长
信侯，领有山阳、太原等地，自收党羽，建立了庞大的势力。

　　前238年，秦始皇在雍城蕲年宫举行冠礼。嫪毐动用秦王御玺
及太后玺发动叛乱，攻向蕲年宫。秦始皇早已在蕲年宫布置好三千
精兵，打败叛军。嫪毐转打咸阳宫，那里也早有军队，嫪毐一人落
荒而逃，没过多久便被逮捕。秦始皇将嫪毐五马分尸，曝尸示众；
又把母亲赵姬关进雍城的萯阳宫。秦始皇随后免除吕不韦的相职，
把吕不韦放逐到巴蜀，吕不韦自杀。

　　横扫六国　嬴政平定吕嫪之乱后，以商鞅变法以来雄厚的经济
和军事力量为基础，招揽人才，勇于纳谏，重用楚人李斯、魏人尉
缭等人整顿政治与军备，听取李斯灭六国的建议，确立远交近攻，
集中力量，各个击破的战略方针，于公元前230～221年，发动秦灭
六国之战，先后灭掉了韩、赵、魏、楚、燕、齐六国，建立了中国
历史上第一个统一的、多民族的、专制主义中央集权制国家——秦
帝国，这也是中国封建制王朝的开始。

　　秦王政首先选择的攻击目标为赵国。因为，赵国的实力在六国

中最强，是秦国走向统一道路的最大障碍。但是，赵国还没有到不堪一击的地步。秦军屡次进攻赵国均被赵国击退。在用主力进攻赵国的同时，秦对韩采取扶植亲秦势力以逐步肢解的策略。公元前231年，韩国南阳郡代理郡守腾，向秦献出他所管辖的属地。秦王政任命腾为内史，率军进攻韩国，于公元前230年俘获韩王安。韩国灭亡。

公元前229年，秦利用赵国发生大地震和大灾荒的机会，派王剪领兵攻赵。赵国派李牧、司马尚率兵抵御，双方相持了一年。在紧要关头，秦国使离间计，用重金收买了赵王宠臣郭开，要他散布李牧、司马尚企图谋反的流言。赵王轻信谣言，处死李牧和司马尚。此后，秦军如入无人之境，攻城略地，痛击赵军。公元前228年，秦军攻破邯郸，赵王迁被迫献出赵国的地图降秦，赵国实际灭亡。

公元前225年，秦王政派出年轻将领王贲率军围攻魏都大梁（今河南开封）。魏军紧闭城门，坚守不出，秦军强攻不下。王贲令秦军挖掘渠道，将黄河、鸿沟的水引来，灌注到大梁。3个月后，大梁的城墙壁垒全被浸坍。魏王只得投降。魏国灭亡了。

公元前226年，秦王政趁楚国内乱不失时机地从北方伐燕前线抽调秦军，南下攻楚，连续夺得楚国10余个城池。公元前224年，秦王政先派年轻将领李信率20万秦军攻楚，被楚军击败。后又派大将王翦率60万秦军攻楚。王翦入楚境后，并未马上发动攻势。他总结了李信轻敌冒进的教训，采取屯兵练武，坚壁不出，麻痹敌人，以逸待劳的战略。经过一年多相持，楚军斗志渐渐松懈，加上粮草不足，准备东归。王翦就抓住时机下令全军出击。秦军一举打垮了楚军的主力，并长驱直入，挺入内地，杀死楚军统帅项燕。接着，秦军攻占楚都寿春

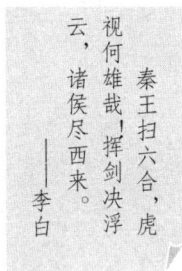

秦王扫六合，虎视何雄哉！挥剑决浮云，诸侯尽西来。

——李白

（今安徽寿县），俘虏了楚王负刍，楚国灭亡。

公元前227年荆轲刺杀秦王行动最终失败，秦王政立即大举进攻燕国。公元前226年，秦军攻下燕都蓟（今北京市），燕王喜与太子丹逃亡辽东郡。秦将李信率领秦军数千人，穷追太子丹至衍水。太子丹虽因潜伏于水中幸免于难，但燕王喜派人将太子丹杀掉，献首级于秦国，以图保住燕国。公元前222年，王贲奉命攻伐燕国在辽东的残余势力，俘获燕王喜，燕国彻底灭亡。

公元前221年，秦王政命令王贲挥戈南下，攻打齐国。由于早在嬴政前秦国馈赠大量的黄金、玉器、珍宝在齐国大肆收买内应，故王贲南下伐齐，几乎就没有遇到过什么抵抗，就长驱直入攻破临淄，齐王建与后胜降秦，齐国灭亡。至此，秦国走完了削平群雄、统一六国的最后一程。

巩固统一　嬴政灭六国后，建立了专制主义中央集权制度。政治上，他自称始皇帝，总揽行政、军事、经济等一切大权，中央设置"三公九卿"，地方上推行郡县制，并颁布《秦律》；经济上，实行土地私有制，按亩纳税，又统一度量衡和货币，统一车轨和修驰道；文化上，实行书同文和行同伦，焚书坑儒，以法为教，以吏为师。

中央设丞相、太尉、御史大夫，即"三公"。丞相有左右二员，掌政事。太尉掌军事，不常置。御史大夫是丞相的副贰，掌图籍秘书，监察百官。丞相、太尉、御史大夫以下，是分掌具体政务的诸卿，其中有掌宫殿掖门户的郎中令，掌宫门卫屯兵的卫尉，掌京畿警卫的中尉，掌刑辟的廷尉，掌谷货的治粟内史，掌山海池泽之税和官府手工业制造以供应皇室的少府，掌治宫室的将作少府，掌国内民族事务和外事的典客，掌宗庙礼仪的奉常，掌皇室属籍的宗正，掌舆马的太仆等。丞相、太尉、御史大夫与诸卿议论政务，皇帝作裁决。

春秋战国时期的文字存在着区域差异，妨碍各地经济、文化的交流，也影响了中央政府政策法令的有效推行。于是，秦统一中原后，秦始皇下令李斯等人进行文字的整理、统一工作。李斯以战国时候秦人通用的大篆为基础，吸取齐鲁等地通行的蝌蚪文笔划简略的优点，创造出一种形体匀圆齐整、和划简略的新文字，称为"秦篆"，又称"小篆"，作为官方规范文字，同时废除其他异体字。此外，一位叫程邈的衙吏因犯罪被关进云阳的监狱，在坐牢的 10 年时间里，他对当时字体的演变中已出现的一种变化（后世称为"隶变"），进行总

峰山刻石　秦始皇二十八年（前219）李斯书 高218，宽84厘米。

结。此举受到秦始皇的赏识，遂将他释放，还提升为御史，命其"定书"，制定出一种新字体，这便是"隶书"。隶书打破了古体汉字的传统，奠定了楷书的基础，提高了书写效率。秦始皇下令统一和简化文字，是对我国古代文字发展、演变做了一次总结，也是一次大的文字改革，他对我国文化的发展起了重大作用。

"行同伦"就是端正风俗，建立起统一的伦理道德和行为规范。在这方面，秦王朝也给予相当的重视。比如秦始皇二十八年（公元前219年），秦始皇来到泰山下。这里原是齐国故地，号称"礼仪之邦"。始皇就令人在泰山刻石，记下"男女礼顺，慎遵职事，昭隔内

外，糜不清净，施于后嗣"（意谓男女之间界限分明，以礼相待，女治内，男治外，各尽其责，从而给后代树立好的榜样），予以表彰。而始皇三十七年（公元前 210 年）在会稽刻石上留下的铭文，则对当地盛行的淫泆之风，大加鞭笞，以杀奸夫无罪的条文来矫正吴越地区男女之大防不严的习俗。

南征北战　秦始皇灭六国后，为巩固统一局面，一方面派兵北伐匈奴，夺取河套地区，修筑万里长城；另一方面又派兵南征百越，修筑灵渠，在岭南置桂林、象郡、南海三郡，派遣戍卒数十万到南越垦殖屯扎，迁徙中原百姓、罪吏和刑徒等到岭南与越族杂居。

秦灭六国之后，每年征发民夫四十余万，开始北筑长城。绵延万里的长城它并不只是一道单独的城墙，而是由城墙、敌楼、关城、墩堡、营城、卫所、镇城烽火台等多种防御工事所组成的一个完整的防御工程体系。这一防御工程体系，由各级军事指挥系统层层指挥、节节控制。以明长城为例，在万里长城防线上分设了辽东、蓟、宣府、大同、山西、榆林、宁夏、固原、甘肃等九个军事管辖区来分段防守和修缮东起鸭绿江，西止嘉峪关，全长 7000 多千米的长城，称作"九边重镇"，每镇设总兵官作为这一段长城的军事长官，受兵部的指挥，负责所辖军区内的防务，或奉命支援相邻军区的防务。明代长城沿线约有 100 万人的兵力防守。总兵官平时驻守在镇城内，其余各级官员分驻于卫所、营城、关城和城墙上的敌楼和墩堡之内。

为方便运送征讨岭南所需的军队和物资，秦始皇命史禄开凿河渠以沟通长江水系的湘江和珠江水系的漓江。运河最终在始皇二十年（前 219 年）至二十三年（前 215 年）修成。灵渠是世界上最古老的运河之一，它自贯通后，二千多年来一直是岭南与中原地区之间的水路交通要道。因此，此项工程是全国重点文物保护单位之一。

残暴奢侈　　秦始皇也是中国历史上有名的暴君。其主要表现为横征暴敛，大兴土木，赋役繁重，法律严酷，滥用刑罚，荒淫无度。

秦始皇即位不久，便开始派人设计建造秦始皇陵。统一六国之后，开始在渭河南岸修建后世皆知的阿房宫（亦名朝宫，阿房为其前殿名），每年动用民工和刑徒七十多万人。宫中可容纳十万人，在里面运送酒菜要用车和马才行，仅一个前殿的面积就达到了东西长693 米，南北宽 116 米，台基高达 11.65 米，上面可以坐上万人。除此之外，还有兴乐宫、梁山宫等。有宫殿就要有美女，在灭六国时，就掳掠各国宫廷美女放在所建造的宫殿之中。宫女总人数，据《三辅旧事》记载：后宫列女万余人，气上冲于天。并且，秦始皇死后，这些宫女绝大部分都被迫殉葬。

嬴政登基王位时起就开始修建骊山墓，前后历时三十余年，每年用七十万人工修建。现在留存的墓，从外围看周长 2000 米，高达 55 米。内部装修极其奢华，以铜铸顶，以水银为河流湖海，并且满布机关。仅看秦始皇陵的兵马俑，就可看出当年修建这座陵墓的百姓负担之重。史载，建造陵墓的工匠在陵墓造成之后全部被活埋。

> 秦始皇，夺俺粮，开吾户（门），据吾床，饮吾酒，喝吾浆，食吾饭，以为粮，张吾弓，射东墙，前至沙丘当灭亡。
>
> ——《太平御览》卷八六

为求长生不老之药，秦始皇派方士徐福率童男女数千人至东海求神仙等等，耗费了巨大的财力和人力，加深了人民的苦难。

客死异乡　　秦始皇为巩固国家统一，宣传秦朝威势，震慑六国没落贵族，同时也为了尽观自家江山，游山玩水，先后五次出巡，足迹遍及全国。并在第五次出巡途中客死异乡。

公元前 219 年，秦始皇率领文武大臣及儒生博士 70 人第二次出巡，并在泰山举行了封禅大典。封禅是古代统治者祭告天地的一种仪式。所谓"封"，是指筑土坛祭天。所谓"禅"，是指祭地，即在泰山下小山的平地上祭地。由于长期不举行这种活动，大臣们都不知道仪式该怎样进行，于是秦始皇把儒生招来询问。儒生们众说纷纭。秦始皇听了觉得难

秦始皇泰山封禅，是为了表示自己真正秉承上天旨意，以借助神秘的"天意"巩固自己的统治。但秦朝并未因此而长久，12后被农民大起义所推翻。你对此有何感想？

以实施，便斥退儒生，按照自己的想法开辟车道，到泰山顶上立了碑，举行封礼。

公元前 210 年，秦始皇第五次外出巡游，左丞相李斯、中车府令赵高、少子胡亥等随行。巡游至沙丘平台（今河北巨鹿县东南），秦始皇病死。李斯、赵高为避免大乱，秘不发丧，从直道回到咸阳，才发布治丧的公告。不久，赵高诱惑胡亥篡权，威逼李斯同谋，假造诏命赐死公子抚苏、大将蒙恬。胡亥继位，是为二世皇帝。九月，秦二世把始皇安葬在骊山。二世残暴甚于秦始皇，终于引发了秦末农民大起义，并一举推翻了秦朝统治。

练习活动

一、选择题：

1. 唐朝李白《古风》中说："秦王扫六合，虎视何雄哉！挥剑决浮云，诸侯尽西来。"此诗主要是颂扬了秦始皇（　　　）

　　A. 召集诸侯随军作战　　　　B. 统一六国的业绩

　　C. 对六国诸发号施令　　　　D. 雄才大略与声威显赫

2. 唐朝胡曾在《长城》一诗中说："祖舜宗尧自太平，秦皇何事苦苍生。不知祸起萧墙内，虚筑防胡万里城。"此诗的核心观点是（　　　）

A. 秦始皇滥用民力

B. 秦始皇役使百姓修筑长城

C. 修筑长城使天下苍生苦不堪言

D. 修长城是秦朝灭亡的主要原因

二、阅读思考

明朝思想家李贽则说："始皇出世，李斯相之，天崩地裂，掀翻一个世界，是圣是魔，未可轻议。"你认为我们今天应该怎样评价秦始皇？

第3课 汉武帝

西汉初年十分贫弱，为什么到汉武帝时实现了大一统？要弄清这一问题，同学们必须结合当时的历史背景，重点从政治、经济、思想等方面理解和掌握汉武帝促进大一统局面形成的主要措施。

西汉初年的贫弱 汉初，经济残破，国力虚弱。后经汉高祖、文帝、景帝的治理和广大民众的辛勤劳动，经济虽得到恢复和发展，但汉政权仍面临内有封国座大，伺机夺取皇位；外有匈奴南下劫掠，威胁其生存。

楚汉战争中，刘邦为了打败项羽，曾分封了韩信等一些重要将领为王。这些异姓王的存在，对中央集权是一个严重威胁。汉朝建立后，汉高祖借口他们谋反，剪除了这些异姓王。刘邦为巩固刘家天下，又陆续封了九个刘姓子弟为王，杀白马为盟，立誓："非刘氏而王者，天下共击之。"刘邦做梦也没有想到，随着社会经济的恢复和发展，诸侯王的势

汉初，自天子不能具钧驷，而将相或乘牛车，齐民无盖藏。

——《史记·平准书》

汉景帝末年汉武帝初年，天下殷富，粟至（石）十余钱，鸣鸡吠狗，烟火万里。又京师之钱，累百巨万，贯朽而不可校。太仓之粟，陈陈相因，充溢露积于外，腐败不可食。

——《史记·律书》和《汉书·食货志》

力日益膨胀，成为汉中央集权的心腹之患。

汉景帝时，接受御史大夫晁错削藩建议，决定把王国的部分土地收归中央直接统治。早就准备谋反的吴王刘濞乘机联合楚、赵、胶东、胶西、济南、淄川等王，以"请君侧，诛晁错"为名，发动叛乱，史称"七国之乱"。这次叛乱虽为太尉周亚夫率军历时三月平定，但建议削藩的晁错却成了刀下冤魂。七国之乱平定后，汉景帝乘机，把吴、赵等势力强大的诸侯王国分成若干个小王国，又颁布法令规定：诸侯王只能衣食王国的租税，而无权过问王国的一切政治事务。但诸侯王国的问题并没有从根本上解决，他们仍占据着广大的疆土，掌握着雄厚的经济力量，不利于实现大一统。

西汉政权建立后，匈奴的势力已延伸到现在的山西、河北的北部。公元前201年，冒顿单于率骑兵进入山西中部，占据了晋阳（今太原）。次年，刘邦亲自率领32万步兵迎击匈奴，结果在平城白登山（今山西大同东南）陷入匈奴骑兵的重围，受困达七天七夜。将士又冷又饿，手不能开弓，情况十分危急。在无奈的情况下，汉高祖刘邦用陈平奇计，用重金贿赂阏氏（单于皇后的名称），才得以突围。此后，西汉政府感到自己实力虚弱，不得不对匈奴采用"和亲"政策，即汉政府把宗室女嫁给匈奴单于与匈奴言和，并送给大量礼物。此后，汉与匈奴之间的矛盾虽有缓和，但匈奴贵族仍不时南下劫掠。

汉武帝的大一统　汉武帝在位期间，为巩固汉政权，他通过颁布"推恩令"和陆续夺去大批王、侯的爵位与封地，解除了王国对中央政权的威胁。

汉武帝做皇帝后，总想找一个两全其美的办法解决王国问题，即既不违背高祖分封遗训，又可消除诸侯王对中央政权的威胁。而主父偃上奏提出的"推恩令"，正中汉武帝下怀。主父偃在上书中

★汉武帝（公元前 140—前 87 年在位），是汉景帝刘启的第二个儿子，按封建皇位嫡长子继承制，他是无缘做皇帝的。然而，因种种原因，他不但登上了皇帝宝座，而且成为中国历史上著名的封建皇帝。对于这一历史现象，同学们有何想法呢？

说，当今，每个诸侯王都有十几个儿子，而只有其中的嫡长子才有继承权，其他子弟虽然也是诸侯王骨肉，却分不到一尺封地。所以我建议陛下：诏令全国诸侯王，允许他们把土地分封给所有子弟，使诸侯王宗亲都可得到皇帝的恩惠。这样，诸侯王子弟会为得到封地而高兴，对陛下感恩不尽。实际上，此法分解了各诸侯国，使诸侯王的领地越来越小，力量不大，难以聚众造反；且用不了几代，诸侯王国的问题就解决了。汉武帝阅后，拍案叫绝，立刻召见主父偃，任命其为郎中（后升为中大夫），并立即颁布了"推恩令"，命令各诸侯王在封国内分封子弟为王侯，由皇帝给予名号。经过实施"推恩令"，很多封地甚广的诸侯王因分封地给其子弟，其封地范围大减。此后，汉武帝又借诸侯王"献黄金酎祭宗庙不如法"，对祖宗不孝为由，夺去106位王侯爵位。从此，结束了汉初以来诸侯割据局面。

汉武帝重视发展经济，为巩固统一和增加政府财政收入，下令把货币铸造权和盐铁经营权收归中央，从而增强了国力和中央集权。

西汉建国后，没有建立统一的币制，允许郡县、诸侯国和私人自由铸钱。它一方面造成了币制混乱，物价上涨，阻碍了商品的正常交换；另一大面，一些贵族官僚、富商大贾操纵造币之权，富埒天子，威胁中央。汉武帝即位后，决定将铸币权收归中央，由国家统一铸造新钱币，称五铢钱，通行全国，旧时的货币一律作废。自汉武帝时起，到隋代止的六七百年间，五铢钱差不多成为历代封建王朝统一使用的标准货币。

汉初，盐铁为私人经营。富商大贾、豪强地主垄断了冶铁和煮盐业。它不仅影响了汉中央财政收入，而且也助长了分裂割据势力。一心想实现大一统的汉武帝，决定把盐、铁之利掌握在国家手里，由国家专卖。汉武帝制定颁布了盐、铁专卖政策，明确规定：煮盐、冶铁及其贩卖权，全部收归官

五铢钱

府，不许私人经营。盐价由国家规定，如要变动，须经皇帝批准。

汉武帝很注重选拔人才，推行了察举等新的选用官吏制度，常破格重用有才能的人。

汉武帝即位后，建立了新的选拔官吏的制度：一是察举制。它明文规定，凡丞相、列侯、刺史、守、相等推举，经过考核，任以官职。后又规定依人口的数量、按比例进行选举。二是征召制。即征召那些有一定的能力而又不肯出仕的人，由汉武帝召见，确有才能，即授予官职。三是博士弟子，考试成绩优异者，也可以授予官职。汉武帝又常破格用人，如家境贫寒、深感怀才不遇的司马相如，就是因汉武帝偶然读到其名作《子虚赋》，而被汉武帝召见重用的。

汉武帝还接受了董仲舒的建议，"罢黜百家，独尊儒术"用儒家思想来统一人们的思想。为此，他在都城长安建立太学，主要用儒家思想教育弟子，培养封建官吏。

董仲舒（公元前197－前104年），西汉著名思想家。提起儒家学说，今人多知孔子和孟子，实际上儒家学说能成为中国封建社会二千余年的统治思想，关键是董仲舒对孔孟儒学进行了改造和发展，适应了当时社会发展的需要。由此看来，继承固然重要，但创新和发展更重要。亲爱的同学们，你说是吗？

汉初统治者汲取秦亡教训，从社会经济凋敝，人民渴望安定和恢复社会经济的实际出发，倡导清静无为的黄老思想，实行"无为而治"。① 但是，随着汉政权的巩固，出现了新的问题。"和亲"不能从根本上消除匈奴的骚扰；"分封"潜伏着割据分裂的危机。无为而治的黄老思想已不适应时代的需要。董仲舒对传统儒家思想进行改造，乘机向汉武提出"罢黜百家，独尊儒术"的建议。他说，大一统是古往今来天经地义之事，诸子百家的学说妨碍皇帝的绝对权威，只有儒家学说才能保持思想上的统一。建议凡儒家以外的诸子百家学说，都应当禁止传播。

　　汉武帝汲取了秦始皇焚书坑儒的教训，为实现思想统一，他决定让有才能的儒生到朝廷做官。有一个名叫公孙弘的人，原来只是一个狱吏，因为专门研究《春秋》很有点名气，后来被汉武帝任命为丞相。汉武帝还在都城长安办太学，规定用儒家学说教育弟子。

----

① 黄老无为政治思想的特点是：在政治上肯定新的封建统一王朝的统治秩序，承认君臣关系不可改变的前提下，极力主张"无为而治"，认为统治者用少作为的方法，就能缓和社会矛盾，稳定统治秩序。

又下令对攻读儒家经书《诗》《书》《礼》《易》《春秋》的读书人每年进行一次考试，五经中能学通一经的就可以做官，成绩优秀者还可以做大官。从此以后，公卿大夫士吏，多为精通儒家经典的儒学之士。儒家思想也逐渐成为中国封建社会的统治思想。

秦始皇和汉武帝都采取措施统一人们的思想，秦始皇留下千古骂名，而汉武帝获得了成功。这是为什么？你是如何看待汉武帝罢黜百家独尊儒术的？

汉武帝注重加强军力，派卫青、霍去病率大军多次击败匈奴，解除了匈奴的威胁，并沟通了西域；又在西南设置郡县，从而大大开拓了汉代疆域。

漠北之战是反击匈奴最重要的一次战役。卫青率大军在漠北与匈奴相遇，双方激战一日，不分胜负。黄昏，卫青乘狂风呼啸沙石弥漫之机，率军左右包抄匈奴军，大败匈奴，单于率数百骑突围逃遁。从此，匈奴被赶到大漠以北，势力衰落。

卫青本是牧羊娃出身，童年时很苦，年轻时做了平阳公主（武帝的姐姐）家里的骑奴。后因姐姐卫子夫入宫为妃，而做了汉武帝的侍从。公元前129年，卫青被拜为车骑将军，开始带兵出击匈奴，不断取得胜利。汉武帝为奖励卫青战功，准备封他三个儿为侯，卫青坚决推辞。他认为，反击匈奴的胜利是全体将士之功，自己的儿子无功，不能封侯。

霍去病是卫青的外甥，母亲曾是平阳公主府中的侍女。霍去病自幼生活在奴婢群里，生活困苦，被看成是下等人。但霍去病胸怀大志，利用公主府的条件，读书识字，还勤奋地学习骑射武艺，希望有朝一日到战场上为国杀敌立功。他人很聪明，又肯用功，武艺学得不错，再加上姨做了武帝的宠妃，舅父卫青屡立战功，霍去病也得以做了武帝的侍中。汉武帝很看重这个有上进精神的年轻人，委以反击匈奴的重任。霍去病也不负汉武帝所望，屡败匈奴，因功封为冠军侯，拜为"骠骑将军"。汉武帝为奖励他的战功，曾为他修建了一座豪华府第，并叫他去看看。霍去病豪壮地说："匈奴未灭，无以家为"，看也不去看。

> 从卫青、霍去病的建功立业，你想到了什么？

霍去病墓

汉武帝一系列政治、经济、思想和军事举措，有力促成了大一统局面的形成。西汉在汉武帝时达到鼎盛。

练习活动

一、选择

汉朝颁布"推恩令"的皇帝是（　　　）

A. 汉高祖　　　　B. 汉文帝　　　　C. 汉景帝　　　　D. 汉武帝

二、填空

汉朝初期，汉政权面临的威胁，一是来自内部的_____座大，二是来自外部的_____南下劫掠。

三、问答

汉朝大一统局面是怎样出现的？

四、阅读思考

公元前140年，董仲舒在举贤良对策中提出："诸不在六艺（指儒家的《诗》《书》《乐》《易》《礼》《春秋》六部经典）之科，孔子之术者，皆绝其道勿使并进。"

1. 用课文中的一句话概括出上文大意。

2. 你对董仲舒的上述主张有什么看法？

五、活动建议

1. 就课文中的思考题，组织学生讨论或指导学生分组撰写文章。

2. 若有条件，北方省份的学校可组织学生就课文涉及的内容进行访古。

3. 有条件的学校，可组织学生阅读相关图书或观看相关影视作品。

问题示范

从卫青、霍去病的建功立业，你想到什么？

思路点拨：一个人能否建功立业，受很多因素影响。不同的人成功的原因是不完全相同的，后人因种种主观因素的参与而对其成功的感受也不完全一样。因此，同学们从不同的角度出发，可以对卫青、霍去病建功立业作不同的思考。若仅就原因而论，可以从成功者的个人主观因素（如理想与追求，意毅与奋斗，修养与品德等等），社会客观条件（如当时的社会要求，自身的社会地位，周围的人际关系，社会提供的机遇等）去思考；若谈对其成功的感受，应有正确的标准，即顺应社会发展要求，有利于社会发展、人类的进步、社会大多数人的利益和幸福，要抛弃个人升官发财、荣华富贵和个人英雄主义等不良思想。

第4课　诸葛亮

——专题研究课

诸葛亮的一生是带有传奇性的一生，太多的褒奖纷纷落入他的头上。他上知天文，下晓地理；他运筹帷幄，决胜千里；他辅佐后主鞠躬尽瘁，死而后已。他是一个谋士，他是一个儒生，他是一个道士，他是一个忠臣，他是一个贤相。同一人演示了不同的角色，但是中国有句古话：物极必反。诸葛亮的一生也是充满疑问的一生。你心中的诸葛亮是人？是神？抑或其他……

一、活动知识准备

1. 历史专题研究的基本方法

第一，明确课题的地位。如围绕课题做过哪些研究？有哪些成果，解决了什么问题？还有哪些问题没有解决？难点是什么？症结在哪里？当前研究的热点是什么？

第二，查询已有的研究信息。如哪些资料和我们的研究相关？哪些信息可以用来作为课题研究的资料？从这些资料中我们获得了什么？

第三，查询如何研究的信息。如别人采用了怎样的研究方法？这些方法有什么可取之处？

第四，明确查找资料的途径。主要包括图书馆（有关书籍、报纸、杂志）、书店、互联网、专业部门或专业工作者、档案等。

第五，明确查找资料的种类。主要包括：图书、期刊、报纸、公文、工具书、学术论文、报告、手册、法律、法规、信件、产品说明、录音带、录像带、软盘、谈话记录、书画作品、统计表、登记册、年鉴、会议记录等。

第六，明确查找、收集资料的方法。主要包括：（1）检索资料：如作者索引（专家、政治家、名人等），关键词索引，主题词索引（如"鸦片战争""爱国主义"），题目索引。（2）记录资料：如购买、借阅有关书籍、读物，下载网上查到的资料，做资料卡，记录重要信息、数据、观点（注意记录题目、作者、出处、出版物名称、出版社、出版日期、页码），重要文件，在容许或许可的情况下复印，重要资料要查找原始出处。（3）整理、分析资料：如给资料分类（概括要点），对资料进比较（找出相同与差异，提炼出不同观点），找出富有价值意义的观点和材料，形成自己的观点和意见。（4）综述资料：如在研究分析资料的基础上，对资料进行综合分析评价

第七，撰写专题研究的具体方案：

专题名称			指导教师	
研究小组组长		研究小组成员		

研究的意义与价值（研究专题是怎样提出的？为什么要进行这方面的研究？研究成果有什么样的价值？）：

研究的目标与内容（研究所要解决的主要问题是什么？通过哪些具体内容的研究来达成目标？）：

研究的行动方案

研究阶段	所需时间	主要任务	人员分工	研究方法	阶段目标

研究所需的条件（需要哪些条件保障才能使研究顺利进行？）
1. 图书资料，如：
2. 仪器设备，如：
3. 交通工具，如：
4. 其他（如计算机上网等），如：

预期成果：

2. 历史人物评价的基本理论

历史唯物主义认为，人民群众是历史的创造者，是推动历史前进的决定力量；杰出人物在历史上的作用是以人民群众的作用为基础的。人民群众是社会生产力的体现者，是社会物质财富、精神财富的创造者，是变革社会制度的决定力量。历史人物是历史活动的发起者，是重大历史事件的策划者和指挥者，是历史进程的影响者。在历史人物评价时要注意唯物史观的运用。其基本原理是：既要肯定人民群众的作用，但也承认杰出人物对历史发展的加速或延缓作用。在肯定领袖人物的作用的同时，又要反对个人迷信。评价人物与事件时，应将所评价的历史人物置于当时的历史背景之下，不能用现在的价值观要求历史人物，以避免曲解和错误的论断。因为时代是在不断变化发展的，因而各个时代就具有自己唯一的时代特点，不同的时代特点会导致人们不同的价值观、人生观。所以用现在的社会价值取向对历史人物做出的评价是不准确、不客观的。

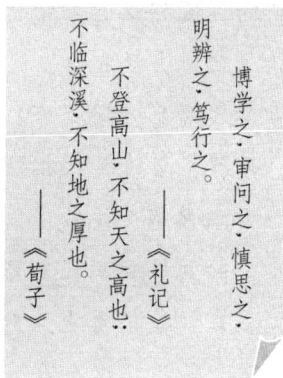

> 博学之，审问之，慎思之，明辨之，笃行之。
> ——《礼记》
>
> 不登高山，不知天之高也；不临深溪，不知地之厚也。
> ——《荀子》

　　评价历史人物可采用的方法有：①功过论。即将历史人物的活动分功和过分别评述，并综合指出是功大于过，还是过大于功。②是非论。有的人物的活动较为复杂，有是有非，采取是非评论较为合适。③阶段论。有的人物，前后两个时期的活动截然不同，或不同的历史阶段表现不同，则可采取阶段论。评价的标准是：是否完成国家统一，推动历史发展；是否调整政治经济政策，促进经济发展；是否采取促进民族融合与团结的措施；是否反击外来侵略，捍卫国家民族利益；是否促进科技文化的发展；是否对后世产生深远的影响等。评价的原则是：将人物置于特定的历史环境中评价；评价要客观，不能随意夸大和否认历史人物的作用；评价要全面，不能以偏概全等。

二、活动资料准备

　　诸葛亮传　诸葛亮，字孔明，琅琊郡阳都县人；汉元帝司隶校尉诸葛丰的后代。父亲是诸葛珪，字君贡，在汉朝末年担任过太山郡的郡丞。诸葛亮小时候父亲就过世了；叔父诸葛玄被袁术推荐去担任豫章太守，诸葛玄就带着诸葛亮及亮的弟弟诸葛均前去上任。

正好遇到汉朝改选朱皓代替诸葛玄，诸葛玄平常和荆州太守刘表有交情，就前去投靠他。诸葛玄过世以后，诸葛亮亲自在田地里耕种，平常喜欢唱着《梁父吟》的曲调。亮身高八尺，常把自己比喻成管仲，乐毅，当时没人相信。只有博陵的崔州平，颍州的徐庶（字元直）和诸葛亮交情不错，认为他真的具有管仲，乐毅般的才华。

当时刘备驻军在新野，徐庶前去晋见刘备，刘备很看重徐庶。徐庶对刘备说："诸葛孔明这个人，就像一条潜卧的龙啊，将军您是否愿意看看他呢？"刘备说："你请他一块儿来吧！"徐庶说："这个人你只可以去亲近他，不能够强迫他来看你的，将军您应该委屈委屈，大驾前去看他的。"因此刘备就前去看诸葛亮，前后往返三次，终于才见到面。（见面时）刘备把人支开，和诸葛亮商量说："现今汉朝倾倒，奸臣偷得权利，天子蒙尘受难。我德行浅薄，不自量力，想要在普天之下伸张大义，可是智慧浅，德术差，于是使得小人猖狂不已，直到今天。然而我的志向仍没打消，您说我能出什么策略呢？"诸葛亮回答说："自从董卓作乱以来，各地方的英雄豪杰同时兴起，占据好几个州郡的人，多得数不清。曹操比起袁绍，名气小多了，人也少多了，然而曹操竟然能够战胜袁绍，地位转弱为强，这不仅仅是时运而已，而且也是人为的谋划造成的。现在曹操已经拥有百万大军，挟制天子，进而用天子的名义命令诸侯；这种情势，实在不能和他争强斗胜了。孙权拥有江东，已经经过三代的经营，地方险要而百姓顺从，当地的贤才能人都被他任用了，

这种情势是可以和他结为盟邦而不可以打他的念头。荆州北边据有汉水、沔水，享有南海的全部资源，往东可以联结吴、会二郡，往西可以通达巴、蜀二郡；这是个可以用兵的地方，但是负责人（刘表）却不能好好守住它。这大概是老天用来帮助将军您的。将军您是否有意思把它夺取下来呢？益州地势险阻，拥有千里肥沃的田野，是个富庶的好地方，汉高祖（刘邦）就是凭借这里而完成帝王的事业。（当地刺史）刘璋个性懦弱，不明事理，（黄巾贼）张鲁横行北方。这地区百姓众多，国家富有，刘璋却不知道好好地抚恤安慰百姓。当地有智慧才能的人（如张松、法正等人），很想能遇到贤明的君王。将军您既是汉朝王室的后代，守信重义名扬天下，又能够广泛地接纳各地方的英雄好汉，思得贤人好像口渴者急得想喝水一般。如果您能够同时拥有荆州、益州，保住这块险隘之地，往西通和各个戎族，往南安抚夷、越等族，对外和孙权交结和好，对内修好政治；天下局势一旦有了变化，就命令一位大将军，率领荆州的军队开向南阳洛阳（中原），将军您自己带领军队从秦川出发，天下百姓谁不是拿着碗饭，提着壶浆，热烈地欢迎将军您的王者之师呢？果真如此，那么您的霸业就可以完成，而汉朝也可以复兴了。"

刘备听了后，说："你讲得好！"于是刘备和诸葛亮的感情愈来愈好，一天天地更加亲密。关羽、张飞等人不高兴。刘备安慰他们说："我有了孔明，就像鱼儿有了水一般。希望各位不要再有怨言了。"关羽、张飞才停止他们不满的言行。

刘表的大儿子刘琦也深深地看重诸葛亮。刘表听信后妻的谗言，疼爱小儿子刘琮，不喜欢刘琦。刘琦每次想要和诸葛亮商量如何自保的办法，诸葛亮每每搪塞敷衍他，并没有替他出计策。（有一次）刘琦就请诸葛亮到后花园去游赏，一同登上高楼。在喝酒吃饭的时候，刘琦就叫人拿开梯子，接着对诸葛亮说："今天（我们两人在这里），往上到不了天，往下到不了地；话从你的嘴巴说出来，进入我的耳朵里来。您可以说了吧？"诸葛亮回答他说："您难道没看到太子申生留在城内而危险，公子重耳逃出城外反而安全吗？"刘琦内心觉悟了，暗中计划着逃出城外。刚好江夏太守黄祖过世了，刘琦请求外调得以出城。于是成为江夏太守。

　　不久刘表过世，刘琮听说曹操北来征伐，就派遣大使请求投降。刘备在樊城听到这件事情，就率领军队往南行走。诸葛亮和徐庶一起跟随刘备，被曹军打败追赶，还俘虏了徐庶的母亲。徐庶指着自己的心和刘备告辞说："我本来想和将军您共同谋求称王称霸的事业，所凭恃的就是这颗心，现在我的伯母亲已经被俘虏了，我的方寸也都乱掉了，对您的大事业没什么帮助。我恳求从此和你告别。"于是徐庶就前去见曹操。刘备率军到了夏口。诸葛亮说"现在事情很紧急，我请求奉您的命令去向孙权求救。"当时孙权拥军在柴桑，正旁观谁成功谁失败。诸葛亮游说孙权说："天下大乱，将军您起兵，占有了整个江东地方，我们刘备也收服众人在汉南聚集大军，同时和曹操争夺天下。现在曹操已消灭掉大敌，各处大略都已经平定了；因此他攻下了荆州，声势震动全天下。在这种情况下，即便是英雄豪杰也难以施展自己的本领了，所以我们刘备才跑到这里来。将军您算算自己的军力来看如何对待曹操。如果您能够凭着吴越的军队，去和中原的曹操对抗的话，那您倒不如早点和他决裂；如果不能够抵挡的话，那你何不解除武装，向他北面称臣来侍奉他呢。现在将军您表面上假托是要服从的名声，可是实际上您内心的计划却又犹豫不定；现在事态紧急你却又不赶快决断，大灾大祸转眼间就要到来了。"孙权说："假如真的像你说的话，那你们刘备为什么不就去向曹操称臣侍奉呢？"诸葛亮说："田横，也只不过是一名齐国的壮士罢了，仍然会为了守住道义而自杀，不辱自己的志节。何况我们刘备，他是堂堂汉朝王室的后代，英气才华举世无人能敌，众多士人仰慕他，就像流水归向大海一般。如果事情无法成功的话，这是天意啊，我们刘备又怎能再屈服自己去当曹操的部下呢？"孙权勃然大怒地说："我不能拿东吴所有的土地，十万民军队被人家控制。我的计策已经决定了，非得要刘备否则是没法抵抗曹操的。然而你们刘备刚打了败仗，怎能够抵抗曹操这个大敌人呢？"诸葛亮说："我们刘备的军队虽然在长阪被打数，现在归来的战士和关羽的水军，合起来还有精兵锐卒一万人。刘琦会合江夏的战士，也不少于万人。曹操的军队，从北方南下，都非常疲倦，听说他为追赶我们刘备，轻快的骑兵一天一夜走了三百多里路。这就是所谓力量强大的箭，到最最末梢时，连鲁国的细绢都穿不透了。所以兵法特别忌讳这个情形说：'必定会让大将军打败仗'。况且北方人不习惯打水战，又荆州投降曹操的百姓，只是被兵势所逼罢了，并不是心甘情愿的。现在将军您如果能够派遣猛将，统领数万军队，和我们刘备并力合谋，必定能够打败曹操。曹军战败，必定会回到北方去。这么一来，荆州、东吴的势力就会强大，天下鼎足而三的态势就会成形了。成功失败的关键，就在今天了。"孙权十分高兴，立刻派遣周瑜、程普、鲁肃等三万水军，随着诸葛亮去晋见刘备，一起出力抵抗曹操。曹操在赤壁打了个败仗，率领军队回到建邺。刘备因此收取了江南，拜诸葛亮为军师中郎将，让他总管零陵、桂阳、长沙三个郡，征调这三郡的赋税，来扩充军中的粮饷。

建安十六年（公元221年），益州刺史刘璋派遣法正前来迎接刘备，教他去攻打黄巾军张鲁。诸葛亮和关羽镇守荆州，刘备从葭萌回头攻打刘璋，诸葛亮和张飞、赵云等人率军逆流而上，分别平定沿途的各郡各县，和刘备共同包围了成都。成都平定以后，刘备任命诸葛亮为军师将军，代理左将军府的事情。刘备到外面去的时候，经常由诸葛亮镇守成都，粮食充足，军队众多。

　　建安二十六年（公元 221 年）许多部属都劝刘备称王称号，刘备不答应。诸葛亮说："从前吴汉，耿弇等人刚劝世祖即位称帝，世祖辞谢推让，前后三四次。耿纯进言说：'天下英雄豪杰仰慕您，追随您，就是希望能够封侯封士，如果您还不听从大家的建议，士大夫只好散去，各自回去另求主君了，他们就不想再追随您了。'世祖有感于耿纯的话非常深切中肯，于是就答应了。现在曹氏篡夺了汉朝的君位，天下没了君主。大王您是刘氏的后代，继世兴起。现在登上帝位，才是应该的。士大夫们跟随大王您又久又勤苦，目的也是想立尺寸的功劳而得到封赏，一如耿纯所说的那样。"刘备于是即位称帝。册封诸葛亮为丞相，下诏说："朕遭逢家门不幸，奉承天命登上天子的地位，战战兢兢，小心谨慎，不敢稍稍懈怠（安逸），总挂念着如何安定百姓的生活，总怕做不到而无法安心啊！丞相诸葛亮，要明白朕的心意哪，不可懈怠！你好好帮助朕不足的地方，帮助我宣扬汉朝累世的德业，来照福普天之下的老百姓！丞相你要好好努力啊！"

　　诸葛亮以丞相的职衔总管尚书的事务，可以拿着符节督军镇守，处斩犯人。张飞过世以后，兼领司隶校尉的职务。

　　章武三年（公元 223 年）春天，刘备在白帝城的永安宫病重，把诸葛亮从成都招来，把身后事情嘱托给他。刘备对诸葛亮说："先生你的才能超过曹丕十倍，必定可以安定国家，最后完成统一天下的大业。如果嗣子可以辅佐的话，那就拜托你辅佐了；如果他不成才的话，你可以自己取而代之。"诸葛亮流着眼泪说："臣一定会谒尽所有辅佐的力量，献上忠贞的节操，坚持、继续到死为止！"刘备又下诏教训刘后主说："你和丞相一起做事情，要待他好像待老父

166

一样!"

建兴元年（公元223年），刘后主封诸葛亮为武乡侯，（特别允许他）可以开设官府，管理大小事情。不久，又兼领益州刺史的职务。政事不分大小，都由诸葛亮裁决。这时南方好几郡，同时叛乱；诸葛亮因为刚遭逢到刘备的大丧事，所以不方便立刻派兵去讨伐。他暂时派遣使者出使东吴，趁机和东吴议和，并结为亲家。于是双方成了盟邦。建兴三年（公元225年）春天，诸葛亮率军南征。这年秋天叛乱全部平定。所需要的军费就由这几个郡来出，蜀国因此而富足了起来。诸葛亮于是训练军队，讲习武备，等待大举出兵北伐。建兴五年（公元227年），诸葛亮率领各军向北前进，军队屯驻在汉中。出发前，他呈上一道奏疏，名叫做《出师表》：于是军队出发，驻扎在沔阳县。

建兴六年（公元228年）春天，诸葛亮发出消息说要从斜谷道去攻打眉县赵云，邓芝故作疑兵，占据箕谷。魏国大将军曹真率所有的兵力来对抗，诸葛亮亲身率领各路军队攻打祁山，军队阵容整齐，赏罚严肃而号令明白。南安、天水、安定三个郡都背叛魏国而响应诸葛亮，关中大为震惊。魏明帝西迁坐镇长安，命令张郃抵抗诸葛亮。诸葛亮派马谡督率各军前进，和张郃在街亮大战。马谡违背诸葛亮的约束规定，举动失当，被张郃打得大败。诸葛亮攻陷西县千家，率军回到汉中。诸葛亮斩杀马谡以谢三军。上奏疏说："臣凭着微弱的才能，窃居著不该占据的高位，亲率军队掌握斧钺大权，总是严格地训练三军。但是因为不能宣扬军令，训明法度，临事小心谨慎，以至于有马谡在街亭违背命令，作战失败的过错，以及箕谷警戒不严的失误。所有的错都在我个人授人任官不当而告成的。臣的见识不能了解人才的好坏，考虑事情大多不够聪明，《春秋》经书记载，军队战败该督责的是主帅，臣下的职位正当受此罪责。我自请贬职三等，来督责我的罪过。"

刘后主于是就贬诸葛亮为右将军兼摄丞相的事情，所总领的职务和从前一样。建兴六年（公元228年）冬天，诸葛亮又从散关出兵，围攻陈仓。曹真来抵抗他。诸葛亮因为粮食用完而班师回去。魏国将军王双率领骑兵来追打诸葛亮，诸葛亮与他作战，打败魏军，斩杀王双。建兴七年（公元229年），诸葛亮派遣陈式攻打武都，阴平二郡。魏国雍州刺史郭淮率军想去攻打陈式。诸葛亮自己出军，到达建威，郭淮退回，于是平定了武都、阴平二郡。刘后主下诏书说："街亭战败，全是马谡的罪过，而先生你引咎自责，深深地贬损自己，当时朕很难违逆你的心意，所以就勉强地听从了你的意见。前年你宣耀军威，斩杀了魏将王双。今年你再度北征，使得魏将郭淮逃走。你降服了氐、羌蛮族，收复了两郡。威势震动了凶暴的敌人，功勋显扬于天下。如今天下骚扰动荡，首恶尚未斩首示众，你承受着国家的大任，担当着国家的重责，却久久地贬损自己，这并不是表扬大功勋的办法呀！现在恢复你丞相的职位，你就不要推辞了！"

建兴九年（公元231年），诸葛亮再度往祁山出兵，用木牛运送军粮，粮食用尽了，就班师回返，和魏将张郃交战，射死张郃。

建兴十二年（公元234年）春天，诸葛亮带领所有军队从斜谷出发，用流马运送军粮，占据在武功五丈原，和司马宣王（懿）在渭水南边列阵对抗。诸葛亮常常忧虑粮食接济不上，让自己的壮志无法伸展，于是就命令士兵分别屯田，作为长久驻扎的基础。耕田的士兵混杂在渭水边的居民间，而百姓都安居乐业。军队不曾侵扰百姓。两军对峙了一百多天，这年八月，诸葛亮生重病，死在军中，享年五十四岁。等到蜀军撤退以后司马宣王（懿）去巡察诸葛亮所设的军营堡垒的处所，不禁说道："诸葛亮真是一名天下奇才啊！"

诸葛亮遗命，自己要埋葬在汉中的定军山，就着这座山来盖坟地，冢墓只要能容得下棺木就好，穿当时的衣服入殓，不须要其它器物来陪葬。刘后主颁的诏令说："先生您具备了文才和武略，聪明睿智，忠诚笃实，承受遗命，受托孤主，延续绝世，兴复弱国，矢志想要平定祸乱。于是你整顿六军，年年北伐出征，神勇光明而又显赫，威势震动八极，就快要在汉朝末年建下伟大的功业，和伊尹、周公的伟大勋业并立为三的时候。为什么老天却不肯怜悯怜悯，在事业快要成功的时候，让您得病死去呢？朕因此十分悲伤哀悼，心肝如同割裂一般。尊崇德行，序次功劳，记载高行，赐给谥号，这是用来光耀后代，记录不朽的功业。现在朕派遣特使持节左中郎将杜琼，赐给你丞相武乡侯的印绶，赐给的谥号是'忠武侯'。您的灵魂如果有知的话，应该会喜欢这个尊宠的荣誉！唉——真令人哀痛啊！唉——真令人哀痛啊！"

起初，诸葛亮自己向刘后主上表说："臣在成都拥有八百棵桑树，贫瘠的田地十五顷。我子孙们穿衣吃饭之外，尚有剩余。至于臣在外任职当官，没有收取（聚敛）什么财物，随身的衣物和饮食，完全由政府供给。也没有另外经营生计（理财），来增加自己微薄的利益。等到臣死的时候，不要让我家里头有多余的币帛，外面有多余的钱财，因而辜负了陛下。"到诸葛亮死的时候，果真和他说的一样。

诸葛亮天性擅长巧思，改进连弩、木牛、流马，都是出自他的主意，推演推论兵法，制作《八阵图》，都能够得到兵法的要领。诸葛亮的言论、教谕、书疏、奏议，大多值得阅读，另外编做一本书。

景耀六年（公元263年）春天，刘后主下诏替诸葛亮在沔阳建庙。这年秋天，国镇西将军锺会征伐蜀国时，到汉水，他祭拜诸葛亮庙，下令士兵不能够在诸葛亮坟墓的附近割草，牧马和砍柴。诸葛亮的弟弟诸葛均，官做到长水校尉。诸葛亮儿子诸葛瞻，继承爵位。

史官评论说："诸葛亮担任宰相，抚恤百姓，揭示法规，精简官职，权事制宜，诚心待人，公正无私。凡是尽忠职守，有益时事的人，即使是仇人也必定会奖赏；凡是犯干犯法令，懈怠、傲慢的人，即使是亲人也必定会处罚。坦诚认罪，传布真情的人，即使犯了重罪也必定会开释；说话浮夸，巧辩文过的人，即使只是犯了轻罪也必定会杀戮。无论多么小的善行，没有不奖赏的，无论多么细的恶行，没有不贬抑的。处理事务非常精明干练，管理事情着重在它的根本，依照官名来要求他尽到实职，对于虚伪造假的人不予录用。最后全国的百姓，大家都敬畏他，爱戴他；刑法政令虽然严厉，却没有人怨恨他，因为他用心公平而且劝诫明白。他真可以称得上是明白治道的好人才，和管仲、萧何是同一类的人。然而他连年劳师动众，都未能成功，大概临机应变，做大将的策略，并非他所擅长的吧。"

——陈寿《三国志·诸葛亮传》译文

纪念诸葛亮　诸葛亮的纪念古迹很多，全国有数十处。旅游观光者络绎不绝。

全国最早的武侯祠在陕西汉中的勉县。勉县武侯祠乃天下第一武侯祠。勉县武侯祠建于景耀六年（公元二六三年）春。公元二三四年八月，诸葛亮因积劳成疾，病卒于北伐前线的五丈原，时年五十四岁。诸葛亮为蜀汉丞相，生前曾被封为"武乡侯"（武乡在今汉中市的武乡镇），死后又被刘禅追谥为"忠武侯"，因此历史上尊称其祠庙为"武侯祠"。现勉县武侯祠巍峨壮观，规模宏伟，有七院六十余间殿宇，既是凭吊先贤之所，又是文物游览之地。更有意义的是，勉县武侯祠所在地乃诸葛亮当年赴汉中屯军北伐的"行辕相府"故址。

目前最出名的除成都武侯祠、勉县武侯祠外，还有南阳武侯祠、白帝城武侯祠、云南保山武侯祠和祁山武侯祠等。此外，还有建于唐代前的五丈原诸葛庙，建于明代的武侯宫（湖北蒲圻），建于建安时期的黄陵庙（湖北宜昌）等。浙江兰溪的诸葛镇，因诸葛亮子孙世代群居此地而得名。明万历年间始建丞相祠堂，距今已历三百七十余年。丞相祠堂有古建筑五十二间，内设诸葛亮灵位。近些年，兰溪丞相祠堂渐负盛名，影响日盛，是兰溪一大史迹和览胜之地。

众多评说 有关诸葛亮的评说，历来就不一致。肯定者有之，否定者有之；颂扬者有之，砭损者有之；神化者有之，凡化者有之。真是众说纷纭，莫衷一是。

行法严而国人悦服，用民尽其力而下不怨。及其兵出入如宾，行不寇，刍荛者不猎，如在国中。其用兵也，止如山，进退如风，兵出之日，天下震动，而人心不忧。亮死至今数十年，国人歌思，如周人之思召公也，孔子曰"雍也可使南面"，诸葛亮有焉。

——《袁子》

至令官书庙食，成不刊之典，一山之内，每有风行草动，状带威神，若岁大旱，邦人祷之，能为云为雨，是谓存与没人皆福利，生死古今一也。死而不朽，反贵于生。

——《唐文粹》尚驰《诸葛武侯庙碑铭序》

大勋未集，天夺其魄。至诚无忘，炳在日月，烈气不散。长为雷雨。

——《唐文粹》吕温《诸葛武侯庙记》

丞相祠堂何处寻？锦官城外柏森森。映阶碧草自春色，隔叶黄鹂空好音。三顾频烦天下计，两朝开济老臣心。出师未捷身先死，长使英雄泪满襟。

——杜甫《蜀相》

抛掷南阳为主忧，北征东讨尽良筹。时来天地皆同力，运去英雄不自由。千里山河轻孺子，两朝冠剑恨谯周。惟余岩下多情水，犹解年年傍驿流。

——罗隐《筹笔驿》

铁马云雕共绝尘，柳营高压汉宫春。天清杀气屯关右，夜半妖星照渭滨。下国卧龙空寤主，中原逐鹿不由人。象床宝帐无言语，从此谯周是老臣。

——《经五丈原》温庭筠

功盖三分国，名成八阵图。江流石不转，遗恨失吞吴。

——杜甫《八阵图》

诸葛大名垂宇宙，宗臣遗像肃清高。三分割据纡筹策，万古云霄一羽毛。伯仲之间见伊吕，指挥若定失萧曹。运移汉祚终难复，志决身歼军务劳。

——杜甫《咏怀古迹》

诸葛亮的被神化，早在诸葛亮走出正史的框范而进入非正史系统之时就已经开始了，后经历史文化的长期积淀，形成了一种蕴含丰富文化内容的诸葛亮文化现象，这种文化现象不仅凝聚着中国人的人生态度、人格精神和道德思想，而且对人们认识和评价诸葛亮具有一种顽强的潜在制约力。

> 判断一个人当然不是看他的声明，而是看他的行为，不是看他自称如何如何，而是看他做些什么和实际是怎样一个人。
> ——恩格斯：《德国的革命和反革命》

——胡世厚、卫绍生《文化的积淀与再生》

是时曹公方定河北，亮知荆州次当受敌，而刘表性缓，不晓军事。亮乃北行见备，备与亮非旧，又以其年少，以诸生意待之……

——《九州春秋》

以诸葛亮之鉴识，岂不能自审其分乎？夫其高吟俟时，情见乎言，志气所存，既已定于其时矣。若使游步中华，骋其龙光，岂夫多士所能沈翳哉！委质魏氏，展其器能，诚非陈长文，司马仲达所能颉颃，而况于余哉！苟不患功业不就，道之不行，虽志恢宇宙而终不北向者，盖以权御已移，汉祚将倾，方将翊赞宗杰，以兴微继绝克复为己任故也。岂区区利在边鄙而已乎。

不论在自然科学或历史科学的领域中，都必须从既有的事实出发。

——恩格斯《自然辩证法》

——裴松之

诸葛亮自负才能，逆天而行，自取败之也。

——宋朝司马光

至于写人，亦颇有失，以致欲显刘备之长厚而近伪，状诸葛之多智而近妖。

——鲁迅《中国小说史略》

……又国不置史，注记无官，是以行事多遗，灾异靡书。诸葛亮虽达于为政，凡此之类，犹有未绸焉。

——《三国志》《蜀书》《后主传》

吕禄、霍禹未必怀反叛之心，孝宣不好为杀臣之君，直以臣惧其逼，主畏其威，故奸萌生。亮身杖强兵，狼顾虎视，五大不在边，臣常危之。今亮殒殁，盖宗族得全，西戎静息，大小为庆。

——李邈

诸葛亮是应该肯定的人物，但他所凭借的西蜀，在当时没有遭到多大的破坏，而他所成就的规模比起曹操来要小得多。然而诸葛亮却被后人神化，而曹操却被后人魔化了。
这是不公平的。

——郭沫若《替曹操翻案》

亮之相刘备当九州鼎沸之会，英雄奋发
之时。君臣相得，鱼水为喻。而不能与曹氏
争天下，委弃荆州，退入巴蜀，诱夺刘璋，
伪连孙氏，守穷崎岖之地，僭号边鄙之间，
此策之下者。可与赵佗为偶，而以为萧曹亚
匹，不亦过乎？

历史必然性的思想也丝毫不损
害个人在历史上的作用，因为全部
历史正是由那些无疑是活动家的个
人的行动构成的。
　　——《列宁选集》第一卷第二
十六页

——崔浩《典论》

刘葛固雄杰，阅世均一梦。

——陆游

士大夫共论诸葛亮，多讥亮托身非所，劳困蜀民，力小谋大，
不能度德量力。

——《蜀记》

孔明起巴、蜀之地，蹈一州之土，方之大国，其战士人民，盖
有九分之一也，诸葛丞相诚有匡佐之才，然处孤绝之地，战士不满
五万，自可闭关守险，君臣无事。空劳师旅，无岁不征，未能进咫
尺之地，开帝王之基，而使国内受其荒残，西土苦其役调。魏司马
懿才用兵众，未易可轻，量敌而进，兵家所慎：若丞相必有以策之，
则来见坦然之勋，若无策以裁之，则非明哲之谓，海内归向之意也。

——《三国志·诸葛亮传》注所引张俨《默记》

当时诸葛成何事，只合终身作卧龙。

——唐·薛能

后主刘禅都声称自己是"政由葛氏，祭则寡人"。

——《三国志》卷三十三《后主传》注引《魏略》

174

观诸葛亮用兵，在战略上均只见其正，不见其奇，则无可辩护者，至于演义小说谓诸葛用兵神奇莫测者，乃无根之言耳。

——军事史家李震

能攻心，则反侧自消，从古知兵非好战；不审势，即宽严皆误，后来治蜀要深思。

——清·赵藩

世称诸葛公，用众有法度。区区落褒斜，军旅无阔步。中原竟不到，置阵犹无所。

——苏辙

亮志大而不见机，多谋而少决，好兵而无权，虽提卒十万，已堕吾画中，破之必矣。

——司马懿

诸葛亮治蜀是建筑在严刑峻法的基础之上的，而不是建筑在与民休息、发展生产、繁荣经济，使人民安居乐业基础之上的。

——历史学家周一良《论诸葛亮》

诸葛亮之为相国也，抚百姓，示仪轨，约官职，从权制，开诚心，布公道；尽忠益时者虽雠必赏，犯法怠慢者虽亲必罚，服罪输情者虽重必释，游辞巧饰者虽轻必戮；善无微而不赏，恶无纤而不贬；庶事精练，物理其本，循名责实，虚伪不齿；终于邦域之内，咸畏而爱之，刑政虽峻而无怨者，以其用心平而劝诫明也。可谓识治之良才，管、萧之亚匹矣。然连年动众，未能成功，盖应变将略，非其

人们通过每个人追求他自己的、自觉期望的目的而创造自己的历史，却不管这种历史的结局如何，而这许多按不同方向活动的愿望，及对外部世界的各种各样影响所产生的结果，就是历史。

——马克思、恩格斯：《神圣家族》

如果从事实的全部总和、从事实的联系去掌握事实，那末，事实不仅是"胜于雄辩的东西"，而且是证据确凿的东西。如果不是从全部总和、不是从联系中去掌握事实，而是片断的和随便挑出来的，那末事实就只能是一种儿戏，或者甚至连儿戏也不如。

——列宁《统计学和社会学》

175

所长欤！

——陈寿《三国志》

刘备并未以《隆中对》的方略为念，孜孜以求实现，当然也没有把诸葛亮放在运筹帷幄的地位，大事向他咨询。刘备死前，诸葛亮长时间内并不在刘备身边，戎机大政，并无诸葛亮参赞其间的事实，决计入蜀和叛攻刘璋，是法正、庞统之谋。他在荆不得预入蜀之谋，在蜀不得参出峡之仪，这些关键之事不论正确与否，都与他无干系。

——历史学家田余庆《隆中对再认识》

葛氏假手于吴人，以陨关羽之命。

——章太炎《訄书》

下国卧龙空寤主，中原逐鹿不由人。

——唐·温庭筠《经五丈原》

此辈结党营私，朋求进取，以同异为爱恶，以爱恶为是非……翻云覆雨，倏忽万端。本为小人之交，岂能责以君子之道。

——清·纪昀《阅微草堂笔记》

魏延激精兵五千，从褒中取长安，而孔明不用，以正取胜，数出无功，继之以死。

——明·于慎行《谈史漫录》

文长刚粗，临难受命，折冲外御，镇保国境，不协不和，忘节言乱，疾终惜始，实惟厥性。

——蜀人杨戏《季汉辅臣赞》

孔明有立功之志，而无成功之量；有合众之仁，而无用众之智。

——北宋兵法家何去非《何博士备论》

七纵七擒强压弱，六征六败将非神。鞠躬尽瘁雕枯朽，徒弄聪明误蜀人。

——徐文华《武侯叹》

176

三、活动组织

第一，挖掘教材，确定课题。从自身知识结构与能力的实际出发，挖掘教材中比较适合自己的研究课题。

第二，分工合作，制订计划。寻找自己的志同道合者，建立专题研究小组，确定小组负责人。在此基础上，全体研究成员集体讨论确定专题研究计划，研究方案、预设研究时间、明确资料来源途径、聘请哪些老师指导、研究成果展现形式等，并根据组里每一位同学特长进行分工合作。

第三，搜集资料，建立假说。研究成员一般要掌握以下相关的技能：会查阅书籍、报刊、文献资料的索引；能选看幻灯、录像、电视、网上资料等；能进行实验设计；能开展实地考察、走访等；还有与他人交流、交往、合作等。老师则根据学生的需要，提供必要的资料、设备，或作报告、或请专家、或带领学生参观遗址、纪念馆等。然后大胆假设，小心求证。

第四，分析研究，得出结论。在老师的指导下，研究成员对搜集的资料、信息和数据等进行综合、分类、处理，提取有用的信息，集中力量学习、理解、消化、吸收，从中找出规律，将资料进行系统化、理论化，形成研究结论。

> 习惯于习惯就不会创新，不习惯于习惯才会创新，让人静下来，让心沉下去，让思维钻进问题中惟有如此才能学有所得。

第五，撰写研究报告或论文等。研究成员将研究成果以报告（或其他）形式进行交流，报告的内容应包括问题提出及其现实意义、研究整个过程、查阅的有关资料、参考的图书目录等几个方面。

四、活动评估

第一，评估内容：主要包括参与研究性学习活动的态度、在研究性学习活动中所获得的体验情况、学习和研究的方法、技能掌握情况、创新精神和实践能力的发展情况、研究学习结果。

第二，评估步骤，主要包括：（1）自我评价（2）学生互评（3）教师和专家评价。

第5课　隋文帝

在中国历代帝皇中，隋文帝是后世评价较高的皇帝之一。魏征在《隋书》中说：他"躬节俭，平徭赋，仓廪实，法令行，君子咸乐其生，小人各安其业，强无凌弱，众不暴寡，人物殷阜，朝野欢娱。二十年间，天下无事，区宇之内晏如也"。但近年一些史著在肯定其历史功绩的同时，也指出隋文帝晚年诛废功臣、听信谗言、用法严峻，认为隋朝的"乱亡之兆"虽然成于炀帝，但在文帝时已开其端。历史是这样的吗？

代周立隋　隋文帝杨坚是隋朝的开国皇帝。580年五月，北周宣帝死，子宇文阐（静帝）即位。内史上大夫郑译、御正大夫刘颎假传遗诏，召杨坚入宫辅政。坚自为左大丞相，都督中外诸军事，总揽军政大权。杨坚辅政后，为防止分封在外的北周诸王变乱，先后平定了三方叛乱，诛杀周室诸王，于581年二月代周称帝，国号隋。

《隋书·高祖本纪》载：北

★隋文帝（公元541—604年）杨坚，汉族，鲜卑姓是著六茹。杨坚为华阴人，是西魏随国公、北周柱国、大司空杨忠之子，自称汉太尉杨震十四世孙。

周宇文护执政，尤忌杨坚，屡将害焉，大将军侯伏、侯寿等匡护得免。其后杨坚袭爵隋国公。北周武帝聘杨坚长女为皇太子妃，益加礼重。齐王宪言于帝曰："普六茹坚相貌非常，臣每见之，不觉自失。恐非人下，请早除之。"帝曰："此止可为将耳。"内史王轨骤言于帝曰："皇太子非社稷主，普六茹坚貌有反相。"帝不悦，曰："必天命有在，将若之何！"。

就周武帝死后，周宣帝即位。杨坚因为是周宣帝的岳父，加上其家族声望显赫，追逐声色的周宣帝曾一度把政务托付给杨坚处理。但随着杨坚声威日高，不久为周宣帝忌恨，并对杨坚女儿说："总有一天，我要族灭你家"。杨坚为避祸，曾一度想离开京城到外地做官的想法。

就在杨坚准备离京赴任时，周宣帝病故，由年幼的宇文衍继位。杨坚借假遗诏担当辅政大臣，并逐一剪除政敌与北周王室势力，为最终代周创造了条件。

除旧布新　杨坚取代北周后，为革除北周弊政，巩固统治，进行一系列改革。他基本上确立了三省六部制；改南北朝以来的州郡县为州县两级体制。后来又规定六品以下官员也由吏部选授，地方官员不得自用僚佐；又创立科举制度，从而废除了汉代以来为豪强士族垄断的辟举制度。命高颎等人制订《开皇律》，删除苛酷条文。经济上分官牛给贫人，助其生产；颁布关于均田和租调的新令；出台定"人年五十，免役收庸""战亡之家，给复一年"等一系列减轻农民负担的仁政，使农民有更多的时间从事农业生产；实行输籍之法，扩大剥削和征发徭役的对象；重视仓廪的建置和漕路的开通。他创置的义仓制度是封建国家保障社会生产力的一项措施，以后沿用到清代。开皇年间，社会经济有较大的发展，史称"开皇之治"。

三省六部：中央设尚书、门下、内史三省，以尚书令、纳言、内史令为长官，行使宰相职能，辅助皇帝处理全国事务。内史省和门下省是机要之司，内史省负责起草并宣行皇帝的制诏；门下省负责审查内史省起草的制诏和尚书省拟制的奏抄；尚书省是国家最高行政机关。其下设吏部、礼部、兵部、都官、度支、工部六部。每部设尚书为长官。尚书令下有尚书左、右仆射各一，左仆射判吏、礼、兵三部事，右仆射判度支、都官、工部三部事。尚书令与左、右仆射及六部尚书合称"八座"。开皇三年（583），改度支为民部；都官为刑部。除三省外，又设秘书和内侍二省，负责图书修撰及宫内供奉等事。另设御、都水二台，负责监察和水利。这样，不仅加强了中央集权，而且开创了中国封建社会政治体制的新阶段。

隋初，杨坚在确立了三省六部制的中央机构后，又对地方机构进行了改革。南北朝以来，由于郡县设置过滥，形成了"民少官多，十羊九牧"的局面。隋初沿北齐、北周制设州、郡、县三级地方机构，开皇三年，杨坚从河南道行台兵尚书杨尚希的建议，废郡，改为州、县二级制。州设刺史，县设县令。为了更好地行使权力，控制地方，杨坚

（隋文帝）勤劳思政，每一坐朝，或至日昃。五品已上，引之论事。宿卫之人，传餐而食。
——《旧唐书》

下令，九品以上的官员一律由中央任免。官吏的任用权一概由吏部掌握，禁止地方官就地录用僚佐。而且每年都要由吏部进行考核，以决定奖惩、升降。后来，又实行三年任期制。杨坚简化了地方行政机构，废九品宫人法，初创科举制。隋文帝命令各州每年推选三个文章华美、有才能的人，到中央受官。后来，隋文帝又下令，京官五品以上，地方官部管刺史，要由有德有才的举人担当。这种选拔政府官员的制度，使各个阶层有才华的人都有机会为政府效力。杨坚开创的科举制度，在中国历史上留存长达1300多年，直到清朝

末期才废除，但当时的美英等国称奇并借鉴了这种选拔制度作为政府文员的聘用方法。

隋文帝在令人修订《开皇律》时，对前代八十一条死罪、一五零条流罪、千余条徒、杖等酷刑以及灭族等都一概废止。同时，又修改了许多法律的内容，如"流役六年，改为五载；刑徒五岁，变从三祀；其余以轻代重、化死为生。"对犯人处置采取审慎态度，而不是草菅人命，有效地防止了冤案的发生。文帝对法律的改革，使法律减轻了残酷和野蛮性，在中国法制史上具有划时代的意义。

为了使隋朝早日繁荣富庶，隋文帝大力发展社会经济。隋初，在北齐、北周均田制的基础上，继续实行均田制，均田令规定：丁男、中男受露田（种植五谷）80 亩，永业田 20 亩，妇女受露田 40 亩。奴婢 5 口给 1 亩。永业田不归还，露田在受田者死后归还。对一般农民，采取轻徭薄赋鼓励农桑的政策，对于豪犟贵族兼并土地的行为则给予打击，以保证农民的正常生产。从而提高了农民劳动生产的积极性。均田制实行后，国家可以控制更多的劳动力，增加了赋税收入。

文帝时所设的仓，可分两种，即官仓和义仓。其中著名的有兴洛仓，回洛仓，常平仓，黎阳仓、广通仓等。存储粮食皆在百万石以上。官仓的粮储，用以供养军公人员。设置官仓的目的，即是在增加关东漕运的效率；也就是把原来关东各州对京师个别直接的输粮办法，改为集中和分段运输的办法。并在黄河沿岸设置米仓，先把关东各州的食粮集中在这些仓里，然后利用黄河及广通渠运到京师。因此时间及人力物力，都节省不少。据唐人的估计，文帝末年诸仓所存的食粮，已可供政府五六十年之用。义仓又称社仓，设置于乡间，其储粮由人民捐纳，以备饥荒时赈济灾民。百姓军人，捐出的粮食，存入当地的社仓里由"社司"专管赈目和储存等事宜。

如遇某地收成不好发生饥馑之时，便以某地社仓中的储粮赈济饥民。并规定民户捐粮于社仓的标准："上户不过一石，中户不过七斗，下户不过四斗。"义仓之设，对人民的生活来说，自是一项有力的保障。

统一安边 杨坚建隋后，一方面着手统一全国，公元587年隋灭后梁，公元589年隋灭陈，从而结束了三国、两晋、南北朝以来的分裂与战乱局面，实现了国家统一。另一方面为消除北方突厥族的威胁，隋文帝采用长孙晟"远交而近攻，离强而合弱"的战略，拉拢与分化突厥，各个击破。公元599年突厥内讧，突利可汗奔隋，以突利为启民可汗，筑大利城居之。公元602年隋军大破突厥，夺回了河套地区，把边界扩展到阴山以北。

隋文帝能实现统一，是当时历史发展的必然结果。首先，从人民愿望看，三国两晋南北朝时期，人民饱受战争之苦，迫切要求统一；从社会矛盾来看，北方民族大融合，使南北对峙的民族矛盾逐步缓和并趋于消失；从南北方经济状况看，北周、隋、及北周之前各朝均采取了恢复经济的措施，江南也因大批北方农民南迁等因素，经济得到开发，这些都为隋统一提供了物质基础；从双方实力看，隋因文帝除旧布新的改革而不断强大，而南方的陈朝因腐朽而日益衰败。

隋大军攻陈时，陈后主说："王气在此。齐军三来，周师再来，无不摧败。彼何为者邪！"有大臣附和说："长江天堑，古以为限隔南北，今日虏军岂能飞渡邪！"

——《资治通鉴》卷一百七十六

587年，隋灭掉建都江陵的后梁，扫除了向江南进军的障碍。588年，隋文帝派杨广率领50余万大军，向陈发动总攻。腐朽的陈朝统治集团迷信长江天险，不认真设防，陈后主置若罔闻，与嫔妃、宠臣们纵酒赋诗。589年正月，隋军攻下陈都建康，俘虏了陈后主及其文武大臣，灭掉了陈国。590年，隋文帝又派军平定了江南部分地方豪强势力的叛乱。

隋的统一结束了南北分裂局面，打击了魏晋以来南方的士族势力，重建了统一的多民族的封建国家，促进了民族融合，有利于社会的安定和发展，并为隋的建设提供了必要的前提条件。

突厥族原来一直在叶尼塞河上游流域游牧，后来迁徙到金山（今阿尔泰山）以从事锻铁而闻名。据说金山的形状就像一个兜鍪，而当时兜鍪的发音听起来像"突厥"，所以这支民族就被称为突厥族。相传他们的祖先曾经遭到来自邻国的一场灭顶之灾，整个民族基本被杀戮殆尽，最后只剩下一名婴儿，征服者不忍杀害，而将其手足砍了，然后扔在一堆荒草丛里。后来有一只母狼发现了这个婴儿，把他叼回了窝里，并且每天叼来肉食喂养他。婴儿长大后与母狼共同生活在一起，与狼生下了十个男孩，突厥族从此才得以繁衍下来，所以突厥人都认为自己是狼的后代，因而在他们的首领帐前，都要立一个狼头（即军旗）。5世纪中期，柔然族征服了突厥，突厥人沦为柔然人的锻铁奴。552年，突厥人在其首领伊利可汗的领导下掀起了反抗柔然压迫的斗争，大败柔然后，建立起了突厥汗国。

隋文帝即位后，他认为昔日北齐、北周因互相对峙，北周怕北齐与突厥关系密切，北齐也担心北周与突厥交往过密，因此都争相讨好突厥，企图求得突厥的支持以击败自己的对手。但实际上，贿赂突厥的财物越多只不过更助长了突厥的侵扰实力而已，非但不能达到安定边境的目的，反而加重了人民的负担。因此隋文帝不主张花费巨额的钱财去讨好突厥，而主张在国内实行轻徭薄赋政策，提高人民的生产积极性，以促进经济的发展，实现国用有余。把巨额资金毫无价值地送给突厥，还不如把它赏赐给将士，以鼓舞将士拼死杀敌、保卫疆土的勇气。

晚年弊政 隋文帝晚年崇信佛教，又营建仁寿宫，相当奢费，累死丁夫上万人。同时猜忌心也越来越严重，一批功臣故旧逐渐被他疏远，乃至杀害。他还为表象为惑，废性格宽厚仁和的太子杨勇，立狡诈奢淫的杨广为太子。604 年七月，病中的隋文帝在杨广、杨素控制下猝然死去。

隋文帝晚年更加深信佛教，迷信鬼神。600 年 11 月，他下诏规定："毁坏佛像以及天尊、岳、镇、海、渎神像的人，以不道罪论处；寺庙里的和尚毁坏了佛像，道观里的道士毁坏了天尊像以恶逆罪论处。"这实际上是把毁佛像行为上升为篡国罪了，可见隋文帝心目中的佛像、神像的地位是何等崇高。在他晚年，他要求做的佛事也越来越频繁而且极其讲排场。601 年，他竟想学印度阿育王的样，在国内大做佛事。他命人做了 36 个特别精美的宝瓶，然后亲手把舍利装进了宝瓶，并派当时最有名望的高僧负责把宝瓶分送到了 36 个州治所。接着，他规定了全国同时祭奉宝瓶内的舍利的时间。时辰到后。隋文帝在宫里召见了 367 名做佛事的僧人，然后领着文武百官大摆斋宴。

602 年独孤皇后死时，隋文帝悲痛欲绝，大臣百般劝解，隋文帝仍是终日茶饭不香。后来王劭劝慰他说："《佛经》说：'人将升到天上和无量寿国的时候，佛会放出光明，并带着香花，奏着乐曲来迎接'。大行皇后一生福善如海，人们都说她是妙善菩萨的化身。8月 22 日我观察到仁寿宫里下了一阵金、银花雨。23 日夜晚，大宝殿后面又有道道神光。24 日卯时，永安宫的北面隐隐传来轻柔的音乐声。晚上五更天时，皇后神态安详地升天了。种种现象表明：皇后乃是成佛升天了。"隋文帝听到这，顿时一扫愁容，脸带喜色。可见佛教对他的作用有多大。

练习活动

一、选择

1. 隋文帝为改变"民少官多，十羊九牧"的局面，按"存要去闲，并小为大"的原则（   ）

A. 开创了三省六部制

B. 改州郡县三级制为州县两级制

C. 开创了科举制度

D. 规定六品以下官员由吏部选授

2.《南史·陈本纪》载文，隋文帝在灭陈前曾说："我为百姓父母，岂可限一衣带水不拯之乎?"这表明（   ）

①长江天险是隋文帝统一全国的重要障碍　②隋文帝向国人表示南下灭陈是为江南人民除暴安良　③隋文帝视全国百姓为自己的衣食父母　④长江天险无法阻挡隋文帝灭陈统一全国的决心

A.①③④　　　　　　　B.②③④

C.①②④　　　　　　　D.①②③

二、阅读思考

《剑桥中国隋唐史》是这样评价隋文帝开创的隋朝："隋朝消灭了其前人的过时的和无效率的制度，创造了一个中央集权帝国的结构，在长期政治分裂的各地区发展了共同的文化意识，这一切同样了不起。人们在研究其后的伟大的中华帝国的结构和生活的任何方面时，不能不在各个方面看到隋朝的成就，它的成就肯定是中国历史中最引人注目的成就之一。"你认为这一评价是否正确？为什么？

第6课　唐太宗

　　唐太宗是中国封建帝王中受赞誉最多的皇帝之一，被誉为伟大的军事家、卓越的政治家、书法家和诗人。他励精图治，在位期间政治清明，社会稳定，经济恢复发展较快，国力逐步增强，百姓生活有所改善，史称"贞观之治"。历史上的唐太宗究竟有哪些丰功伟绩？他真像人们赞扬哪样神明吗？他果真是一个完美无缺的帝王吗？

　　夺位登基　　唐朝是由唐高祖李渊创建的。但李渊的成功，在一定程度上得益于次子李世民。因为李世民不仅力劝李渊晋阳起兵反隋建唐，而且在反隋和铲除割据势力统一全国过程中，南征北讨，屡立功勋，被唐高祖加号为"天策上将"，任尚书令，进封秦王。

　　功高权重、实力日增的李世民，对太子李建成的地位构成了严重威胁。于是，兄弟间的争夺也就愈演愈烈，终于酿成了"玄武门之变"。太子李建成与齐王李元吉被杀，李渊为势所迫立李世民为太子，两个月后正式退位。李世民登基称帝，次年改年号为贞观，唐朝历史进了一个重要时代。

　　对于李世民发动"玄武门之变"，历代史家褒贬不一。你是怎样看待历史上的嫡长子继承制和李世民发动的"玄武门之变"的？

　　唐朝建立以后，为统一全国，先后进行了六次大的战役。这六个战役李世民就指挥了四个，全部取得了胜利，为唐王朝立下了赫赫战功。

　　第一次是对陇右薛举父子集团的战役，唐武德元年，薛举率军进攻关中，双方在现陕西长武县发生激战，在这里，李世民打了他一生中唯一的一次大败仗，退回长安。但不久，他便在浅水原之战彻底打败薛军，消灭了陇东集团。第二次，刘武周依附突厥，南下进攻唐朝，攻占了晋阳，李世民不畏艰险，终于击溃了敌人主力，并乘胜追击，两天不吃饭，三天不解甲，彻底消灭了敌军，收复了丢失的土地。第三次是对王世充和窦建德的战役。这次战役规模为唐统一战争中最大的。在这次战役中，李世民先将王世充击败，围困在洛阳，令其无粮草供应，待其自毙。就在洛阳将下未下之时，河北的窦建德军十余万众号称三十万为救援王世充，突然出现在唐军背后，李世民力排众议，在虎牢之战中大败窦建德军，生擒窦建

　　"飒露紫"是李世民东征洛阳，铲平王世充势力时的坐骑，列于陵园祭坛西侧首位，前胸中一箭。"飒露紫"是六骏之中惟一旁伴人像的。

德。洛阳的王世充也只得投降，这次李世民一举两克，取得了决定性的胜利。第四次是平定刘黑闼的战役，刘黑闼是窦建德的部下，他打着为窦建德复仇的旗号，在河北起兵反唐。李世民指挥了平定其第一次起兵的战役，仅仅两个月就取得了胜利。（其他两个战役是由李孝恭指挥的平定杜伏威的江淮军和平定以江陵为根据地的萧铣的梁政权）。

李世民自此威望日隆，尤其是在虎牢之战后进入长安时，受到部分军民以皇帝的礼仪接待。武德四年冬十月，封为天策上将、领司徒、陕东道大行台尚书令，食邑增至二万户。高祖又下诏特许天策府自置官属，俨然形成一个小政府机构。

李世民在战斗中注重战前侦察，虽屡次遇险，但每次战斗都能做到知己知彼，善于制造战机，当敌强我弱时，他经常用"坚壁挫锐"的战法拖垮敌人，战斗中身先士卒，亲自率领骑兵突击敌阵，胜利后勇追穷寇，不给敌人喘息之机，因此获得了每次战役的胜利。在统一边疆的战争中，他运筹帷幄，决胜千里，明于知将，选拔良才，取得了战争的胜利。李世民用他卓越的军事才能，为大唐帝国的建立和发展做出了巨大的贡献，他不愧为我国历史上杰出的军事家，他的赫赫武功也永垂青史！

贞观之治 唐太宗执政后，认真吸取隋朝灭亡的经验教训，深信"民唯邦本，本固邦宁"的道理。他选贤任能，虚怀纳谏，励精图治；他发展和完善了隋朝实行的三省六部制，加强集体议政和监察机制，精简机构，提高效率，力求政令符合实际，顺应民情；他重视法制建设，令人对隋朝法律删繁就简，化重为轻，制定《唐律》，限制占田和惩治腐败；他兴科举，以儒为师，大办学校，进一步发展了隋代科举制度，增加考试科目，提高重视考试与国计民生相关策论的进士科的地位；他戒奢从简，力倡节俭，注意轻徭薄赋，劝课农桑，完善了隋代的均田制和租庸调制，多次减免租税，兴修水利，以促进农业生产的发展。于是，便出现了国强民富，社会稳定的"贞观之治"。

唐太宗用人不拘一格，选拔人才强调才干与德行。他以宽容的态度对待原来太子一派的人，有才干的还委以重任，魏征便是一个著名的例子，从而化解了许多矛盾，使许多原来站在对立面的人能够有机会转变过来，成为治理国家的有用之才。他能知人善任，做到人尽其才，充分发挥不同人才的长处。如房玄龄不善于断案和处理杂务，但却善于谋划和决定国家大事，所以用为宰相。而戴胄则相反，他不通经史，但做事正直，所以让他做大理寺少卿，负责审理案件，结果他办事异常干练，案子从不积压，深得唐太宗赏识。

★唐太宗（599~649）李世民，唐朝的第二位皇帝。祖籍陇西成纪（今甘肃省静宁县成纪乡）。伟大的军事家，卓越的政治家，书法家和诗人。堪称"千古一帝"。

为了使唐朝长治久安，唐太宗认真地总结了隋朝灭亡的教训，认为隋朝迅速灭亡：一是隋炀帝奢华浪费，劳民伤财。二是生活腐化堕落，荒淫无道。第三，战争太多，耗费国力。最终激化了社会矛盾，导致隋朝的灭亡。

唐太宗与魏征图。唐太宗："一日万机，一人听断，虽复忧劳，安能尽善？"魏征则说："兼听则明，偏听则暗。"你认为唐太宗君臣这种认识与"贞观之治"的出现有何关系？

为避免重蹈隋炀帝覆辙，唐太宗以过人的气度鼓励大臣进谏，"直言鲠议，致天下太平。"626 年（武德九年），唐太宗即位不久，命人点兵。当时的唐制规定，年满 21 岁才能入选，但大臣封德彝却说 18 岁以上高大健壮的也可以点兵，并得到唐太宗的同意。魏征却驳回了诏令三四次，不肯签发。唐太宗大怒，召见他质问。魏征说："您常说要以诚信治天下，但即位以来，仅几个月就几次失信于民，这怎么能说是以诚信治天下呢？"太宗听了转怒为喜："过去我总以为你很固执，不懂政事，今天听你分析国家大事，都很切中要害，我确实是错了。"太宗不但改正了错误，还赏赐给魏征一只金瓮。魏征去世后，唐太宗异常悲痛，他说："人用铜（古代的镜子用铜磨制而成）做镜子，可以纠正衣冠；用古代历史做镜子，可以明辨国家的兴盛与衰亡；以人做镜子，可以知道自己的得失和过错。现在魏征走了，朕便失去了一面宝贵的明镜。"唐太宗还去凌烟阁，对着魏征的画像作诗一首："劲条逢霜摧美质，台星失位夭良臣。唯当掩泣云台上，空对余形无夏人。"

　　为了充分纳谏唐太宗进行了一些改革，他命令五品以上的官员要在中书省（为皇帝起草诏书的办事机关）轮换值班，听从随时召见以便及时商议大事。他自己也不是独断专行的人，他将国家重要的军政事务以及五品以

有史学家认为，唐太宗不过是中等人才，其文韬武略不及梁武帝等人，之所以出现盛世，"皆时会为之，非尽由于人力"。你认为这一观点对吗？为什么？

上官员的任免权交给了宰相会议，以便充分听从众人的意见，集思广益，委任最合适的人选。对于一般的政务，他要求负责起草诏书的中书省和负责复核诏书的门下省都要各负其责，认真做事，不许敷衍了事。唐太宗的御臣之术并不高明，但它的作用是非常好的，既有效地防止了少数大臣的专权乱政，也充分发挥了大家的集体智慧，有了互相牵制的制度和措施，就使正确的方针政策得以顺利产生，有了贤明的君主，则使得好的国策能够得到彻底执行，君臣的共同努力，通力协作，这是贞观之治产生的最根本原因。唐太宗的行为给历代帝王树立了一个好的典范。

　　唐太宗即位之后，在提倡节俭方面为群臣做出了表率，他最初住的宫殿还是隋朝时修建的，都很破旧。同时，他还禁止铺张浪费的厚葬习俗，明确提出要求，即五品以上官员和皇亲贵族都要严格遵守。至于官吏们的奢侈浪费唐太宗也明令禁止。所以，在大臣中形成了一种良好的节俭的风气，出现了许多廉俭大臣。如户部尚书戴胄，由于生前生活简朴出了名，死后家里连个祭祀的地方都找不

到。至于魏征更是如此，一生也没有个像样的正屋。

安抚边疆　唐太宗治理少数民族问题的基本政策是"治安中国"与"绥之以德"。一方面以武力平定了东突厥、吐谷浑、高昌等地少数民族的叛乱，安定边疆；另一方面注意适时理顺民族之间的矛盾，采取和亲、自治、德化等开明宽舒的民族政策，改善民族之间的关系，从而促进了多民族国家发展的历史进程。

唐太宗即位之初，北方有突厥和薛延陀，西方有吐谷浑、吐蕃，他们时常侵扰边境，掠夺人口和财物。为解除这些少数民族的威胁，唐太宗积极用兵，在 629 年（贞观三年）派名将李靖讨伐东突厥，俘获颉利可汗。634 年（贞观八年）大将段志云败吐谷浑。638 年（贞观十二年）吐蕃攻唐，侯君集破敌，后又平定了高昌，建安西都护府。641 年（贞观十五年）唐军又败薛延陀部，薛延陀后来败亡。

战争只是解决民族冲突的一种手段，而不是目的。唐太宗的可贵之处就是在战争结束后，能及时采取宽舒的民族政策，改善民族之间的关系，从而促进了贞观时期的民族关系异常融洽。唐太宗的主要做法：一是任用少数民族人做官；二是准许少数民族内迁，定居长安，当时的突厥族就有万家之多；三是采取和亲政策，著名的就是唐朝宗室女文成公主和吐蕃的松赞干布结婚；四是建立了州县制度，仍然用少数民族领袖为官。唐太宗的开明宽舒的民族政策，得到了很好的回报。630 年（贞观四年），西北各族领袖共同请求为唐太宗上尊号"天可汗"，唐太宗同意了，后来就用"天可汗"的印玺向西北各族下诏书。到 633 年（贞观七年）十二月，太上皇李渊和唐太宗宴请

> 唐太宗说："夷狄亦人耳，其情与中夏不殊。人主患德泽不加，不必猜忌异类。盖德泽洽，四海可使如一家。"他还说："自古皆贵中华，贱夷狄，朕独爱之如一。"
> ——《资治通鉴》卷一九八，贞观二十一年五月）

群臣，李渊让颉利可汗起舞助兴，又让南方的蛮族领袖冯智戴咏诗，气氛异常热烈，李渊高兴地说："胡越一家，自古未有也！"647年（贞观二十一年），唐太宗于翠微殿召见群臣时，问了大家一个问题："自古以来，有很多帝王能平定汉族地区，但却无法制服四周的少数民族，我的才干并没有超过古人，但做到了他们做不到的事，这是为什么呢？"大臣的答案都不能让他满意，最后还是他自己总结了五条经验，最后一条是："先前的帝王们只知道重视汉族，却总轻视少数民族，只有我能像爱护汉族一样爱护他们，因此他们才像父母一样对待我。"唐太宗说的确实是实情，只有以诚相待，才能从根本上融洽民族关系。

对外开放 唐太宗对中外交往采取积极友好的态度，对中外文化交流采取开放的政策，从而造就出兼容并蓄、博大开放、昂扬进取的时代风貌。

贞观时期，由于经济发达和边境稳定，为中外交流提供了良好条件，唐朝和世界的交往与政治经济一样是中国封建社会的顶峰时期。首都长安是世界性的大都会，那时的唐朝是世界各国仁人志士心目中的"阳光地带"，各国的杰才俊士冒着生命危险也要往唐帝国跑。亚洲、非洲许多国家的使臣、留学生和艺人、僧侣纷纷来到唐朝，来到长安，

> 是时四夷大小君长争遣使入献见，道路不绝，每元正朝贺，常数百千人。辛酉，上引见诸胡使者，谓侍臣曰："汉武帝穷兵三十馀年，疲弊中国，所获无几；岂如今日绥之以德，使穷发之地尽为编户乎！"
>
> ——《资治通鉴》卷一九八

赞叹唐朝的盛世和高度发展的文化，并以来到唐朝或成为大唐人为荣。那时，不仅首都长安，全国各地都有来自国外的"侨民"定居，尤其是新兴的商业城市，仅广州一城的西洋侨民就有二十万人以上。为管理对外交往，唐朝政府还专门设鸿胪寺，负责接待工作。唐朝

政府还设立流所（和现在的使馆差不多），开放边境和关口，极尽吸收外来文化和物质文明。当时和唐朝交往密切的国家有七十多个。大批外国人的到来，给唐朝注入了许多新鲜的文化内容，如佛教、伊斯兰教。还有许多的植物也传进唐朝，如菠菜、胡椒、郁金香等。

唐政府也鼓励国人向外传播唐朝先进文化。正因为如此，唐文化对世界，特别是对亚洲的影响尤其巨大。中国的瓷器、纸张、茶叶和丝绸运往波斯，再传到欧洲。四大发明之一的造纸术便是在这个时期传到阿拉伯和印度，又通过阿拉伯传到了欧洲和非洲，对世界文明的发展做出了卓越贡献。在亚洲，唐朝文化对朝鲜和日本的影响最深。在631年（贞观五年）日本向唐朝派出了第一批遣唐使。到了645年（贞观十九年），日本开始了著名的大化改新，几乎是全面地学习唐朝文化，甚至是照搬过去。如唐朝的政治制度，法律制度，均田制和租用调制，使日本很快建立了封建的国家制度。这些制度一直延续到了十九世纪的明治维新。

晚年反省　随着升平日久，到贞观后期，唐太宗欲望有所膨胀，求治之心锐减而骄逸之心渐萌。如在纳谏方面，魏征发现他"渐恶直言"，其奢侈现象明显增加。难能可贵的是，唐太宗能反思自己的过失，并以此教育太子李治以古代的明贤帝王为典范，不要效法自己的错误行为。

贞观十六年（642年），唐太宗下诏说，太子所用之物其他机关不得限制，结果造成太子的严重浪费现象。唐太宗自己也开始修造宫殿，贞观十一年在东都洛阳修飞山宫，二十一年又修翠微宫。这些表明唐太宗后期没有前期勤俭。

唐太宗陵园，位于今陕西省礼泉县境内的九峻山上，它首开了唐代帝王因山为陵的先河，主峰海拔1188米，陵园周长60公里，面积2万余公顷，有陪葬墓190余座，营建工程历时120余年，是中国乃至世界上最大的皇家陵园。

不过，系数一生，唐太宗毕竟是个明君，他晚年也曾反省自己的过失。他在教诲太子李治时曾反省了自己的一生："你应该从历史中找古代的贤明帝王为学习的典范，像我这样的不足以效法。我做了许多错事，比如锦绣珠玉不绝于前，宫室台榭常有兴造，犬马鹰隼没有不去的地方，行游四方又劳民伤财，这都是大错，你不要以为这都是好事，总想学着去做。"

唐太宗在贞观初期不顾大臣魏征和李大亮的劝阻，对归顺的北方游牧民族部落要土地给土地要物资给物资，结果这些部落享受够唐朝的恩惠后胃口反而越来越大，索性就叛乱了。后来唐太宗也自己检讨："中国百姓，实天下之根本，四夷之人，乃同枝叶，扰其根本以厚枝叶，而求久安，未之有也。初不纳魏征言，遂觉劳费日甚，几失久安之道。"

贞观二十年（646年），辽东战役回来时，唐太宗得病，此后一直调养，由此开始服用方士提炼的金石丹药。先前唐太宗还曾经嘲笑秦皇汉武迷恋方术和寻求丹药，现在自己也不由自主地陷进去了。到贞观二十一年（647年），唐太宗又得了"风疾"，烦躁怕热，便让人在骊山顶峰修翠微宫，第二年，派人从中天竺求得方士那罗迩娑婆寐，病情不断恶化。贞观二十三年（649年）五月，逝世。

练习活动

一、选择

1. "贞观初年，率土荒俭，一匹绢才得一斗粟。……自五、六年以来，频岁丰稔，一匹绢得十余石粟。"对以上材料的理解，正确的是（   ）

   A. 农业发展，粮食价格便宜

   B. 丝织品质量高，价格上涨

   C. 农产品、丝织品大量投放市场

   D. 唐政府奖励垦荒，农业发展

2. 唐太宗说："君，舟也；民，水也。水能载舟，亦能覆舟。"这说明唐太宗（   ）

   A. 认识到君与民是因果关系

   B. 认真总结前代灭亡的教训

   C. 代表人民群众利益

D. 看到了人民的力量伟大

二、阅读下列材料，简要评析唐太宗的统治思想。

材料一　唐太宗说："往昔初平京师，宫中美女珍玩，无院不满。炀帝意犹不足，征求无已，兼东西征伐，穷兵黩武，百姓不堪，遂故亡灭。此皆朕所目见。故朕愿孜孜，惟欲清静，使天下无事。"

材料二　唐太宗常用这样的比喻："水能载舟，亦能覆舟。……为人主，可不畏惧！"

材料三　唐太宗对大臣们说："朕终日孜孜，非但忧怜百姓，亦欲使卿等长守富贵。……古人云：'贤者多财损其志，愚者多财生其过。'此言可为深戒。"

——以上均摘自《贞观政要》

第 7 课　康熙帝

　　长期以来，人们对康熙帝的评价是褒多贬少。大多数人认为，康熙帝雄才大略，引导大清帝国摆脱了明清之际的混乱与动荡，走向和平与安定，为持续时间长达 130 余年的康乾盛世奠定了坚实基础。但也有不少史家认为，康熙帝墨守成规，缺乏创新，其一生功业延长了我国封建社会进程，使中国失去了向资本主义制度迈进的最佳时机，给近代中国留下了沉重的包袱与苦难。历史的真相究竟怎样？我们应怎样看待康熙帝的是非功过？

　　铲除鳌拜　康熙帝本名为爱新觉罗·玄烨。1661 年正月初七，清朝顺治帝遗诏立年仅 8 岁的第三子玄烨为太子，特命索尼、苏克萨哈、遏必隆、鳌拜四大臣辅政，初九，玄烨即皇帝位，年号康熙。14 岁开始亲政，16 岁铲除骄横跋扈的辅政大臣鳌拜，稳定了自己的皇权。

　　康熙即位之时，清朝虽然建立，但国家百废待兴。当时战乱刚刚平息，地方割据势力尚未清除，对边疆地区的有效控制还未完成，沙俄势力正在东来，国家安定、民族团结、抵御外侮等重大问题摆在年轻的康熙帝面前。康熙虽然当了皇帝，但因为年幼，国家大事的决断基本掌握在四位辅政大臣手中。这四位辅政大臣，索尼居首位，总掌启奏批红等大权，但年老力衰。排在第二位的苏克萨哈富有才干，但与鳌拜不和。其后的遏必隆则为人圆滑，不与人争锋。对权力最有野心的是鳌拜。为了在索尼退下之后掌控朝政，鳌拜一方面拉拢遏必隆，一方面借圈地事件打击苏克萨哈。在处理朝政时，鳌拜十分专横，根本不将康熙帝放在眼中。

康熙以退为进，在祖母的支持和帮助下，一方面避免与鳌拜发生正面冲突，一方面韬光养晦，专心学习治世本领，并寻找适当时机剪除鳌拜。

★康熙帝（1654—1722 年），庙号为清圣祖，谥号为合天弘运文武睿哲恭俭宽裕孝敬诚信功德大成仁皇帝。他是中国历史上雄才大略封建皇帝之一，是康乾盛世的开创者。

1667 年 6 月，索尼去世。十二岁的康熙决心废除四大臣辅政体制，实行亲政。7 月，实行亲政大典。不过，康熙虽然亲政，但原有辅政体制却未能发生变化。为了使康熙能够及早亲政，并迫使遏必隆和鳌拜也交出权力，苏克萨哈在康熙亲政第六天上书请求退隐。在康熙尚未做出反应之际，鳌拜罗织了 24 条罪状陷害苏克萨哈，并强迫康熙将其处死。清除了苏克萨哈后，鳌拜更加肆无忌惮，朝廷所有政事，均由其决断；对于康熙帝的有些诏令，他也敢公开抗旨。这些使康熙意识到该是剪除鳌拜的时候了。康熙考虑到鳌拜亲信党羽遍布朝野，所以决定设计将其铲除。

康熙一方面在表面上麻痹鳌拜，一方面选择一群身强力壮的少年练习扑击之术。1669 年 5 月，康熙决定采取行动。他首先将鳌拜

的党羽以各种名义派出，削弱鳌拜
的势力，然后派人将鳌拜召入宫中
擒获。鳌拜的党羽在此之后也被一
一擒拿。

　　他下诏说："鳌拜愚悖无知，诚
合夷族。特念效力年久，迭立战功，
贷其死，籍贯没拘禁。"也就是说，
鳌拜因立过许多战功，所以免于一
死而终身监禁。对于其党羽也给予
了不同的处罚。同时恢复了苏克萨
哈的职位。这种措施稳定了清朝政

读书的康熙帝

局，显示出年轻皇帝果敢与成熟的政治智慧。康熙剪除鳌拜后，废
除了辅政体制，收回了朱批大权。自此才真正开始了亲政。

　　尚儒礼士　康熙志向远大，不仅自己勤奋学习满汉文化、骑射
军旅之技、帝王统治之术和西方的自然科学，而且注意向臣民推崇
儒家思想，礼下贤士，收揽人心。

　　康熙帝崇尚儒学，尤其是朱熹理学。康熙自幼就对儒家学说充
满浓厚兴趣，认为"殊觉义理无穷，乐此不倦"（《康熙起居注》第
1册第80页）。康熙亲政以后，尽管政事繁多，但他仍好学不倦，设
讲官为他讲解儒家经典和君主为政之道。康熙十六年十二月，他在
御制《日讲四书解义序》中，明确宣布清廷要将治统与道统合一，
以儒家学说为治国之本。康熙帝的这一态度为清朝内部持续数十年
的文化纷争（也是治国方略的纷争）画上了一个圆满的句号。

　　康熙重视优遇汉族知识分子。他曾多次举办博学鸿儒科，创建
了南书房制度，并亲临曲阜拜谒孔庙。康熙帝还组织编辑与出版了
《康熙字典》《古今图书集成》《历象考成》《数理精蕴》《康熙永年

历法》《康熙皇舆全览图》等图书、历法和地图。康熙二十五年（1713）康熙帝于畅春园举行千叟宴，邀请年逾65岁的老人参加，不论满汉，给人以满汉融洽和乐的印象。

　　康熙帝还对西方的自然科学怀有浓厚兴趣，向西方传教士学习代数、几何、测量、天文、机械、解剖学等科学知识，组织编纂了一批科学书籍，制造或购置了大批科学仪器。在

> 有学者认为，康熙帝对西学追求仅限于个人兴趣，借以愚弄臣下，加强君主权威。但康熙对西学缺乏系统的了解，也没有令大臣和国人效习，从而使中国失去一次向西方学习、迅速发展自己的绝好机会。康熙帝在对待西学问题上，与同时代沙皇彼得一世相比，存在明显的局限性。你认为这种评价是否正确？为什么？

养心殿近侧，康熙帝特意选了一个房间，作为学习的教室，张诚、徐日升、白晋、安多等传教士几乎每天进宫给皇帝讲解自然科学知识。白晋曾回忆说，康熙帝经常使用一只适合几何运算的带有测高望远镜的半径仪，"时而测量某座山的高度，时而测量某些引人注目之处的距离远近。这一切整个朝廷官员都看在眼里，他们都吃惊地看到他们的皇帝如同一直随同他去旅行的传教士张诚一样，能很成功地进行各种运算"。

　　巩固统一　在巩固国家统一上，康熙帝从1673年开始，历时8年平定了"三藩之乱"。1681年任施琅为福建水师提督，率军进攻台湾郑氏政权，1683年郑克塽投降，台湾纳入清朝版图。第二年，清设台湾府，隶属福建省。那时，漠西蒙古准噶尔部噶尔丹称汗后，发展势力，占据天山南北，又进攻漠北和漠南蒙古，勾结沙俄制造分裂。康熙帝于1690年和1696年率军亲征，在乌兰布通和昭莫多打败噶尔丹，不久众叛亲离的噶尔丹服毒自杀，平叛取得了胜利。乌兰布通战役胜利后，康熙帝在多伦与内外蒙古首领会盟，正式接受了全体喀尔喀蒙古贵族和喇嘛的臣服。1713年，康熙帝继顺治帝赐予黄教领袖五世达赖为"达赖喇嘛"的封号后，赐予另一位黄教

领袖五世班禅为"班禅额尔德尼"的封号。此后历世达赖和班禅，都必须经过中央政府册封。

所谓"三藩"，是指镇守云南的平西王吴三桂，镇守福建的靖南王耿精忠和镇守广东的平南王尚可喜之子尚之信。自清初以来，他们各霸一方，

> 1644年，李自成率农民起义军攻占北京后，驻守山海关的明将吴三桂降清，并助清军入关打败了李自成的农民起义军。1673年，吴三桂又起兵反清。有人据此说他是一个唯利自图的小人，也有人说他是效忠明王朝。你是如何看待吴三桂这种反覆无常行为的？

形成几股割据势力。"三藩"都拥有大量武装。特别是吴三桂，"功最高，兵最强"，积极储将帅，习武备，使"四方精兵猛将，多归其部下"。他们仗着自己日益壮大的力量，飞扬跋扈，不听约束而且所耗军费巨大，给清朝以很大威胁。1673年，康熙帝认为"藩镇久握重兵，势成尾大，非国家利"，决定下令"撤藩"。十一月，吴三桂在云南发动叛乱，并于次年派将率军进攻湖南，攻陷常德、长沙、岳州、澧州、衡州等地。他又派人四处散布檄文，煽惑鼓动。广西将军孙延龄、四川巡抚罗森等许多地方大员纷纷叛清。接着，福建耿精忠亦叛。在短短数月之内，滇、黔、湘、桂、闽、川六省陷落，一时局面相当严重。随后，陕西提督王辅臣、广东尚之信等也相继反叛，变乱扩大到广东、江西和陕西、甘肃等省。叛乱消息传到北京后，年轻的康熙帝对"三藩"之乱采取了坚决打击的措施。在康熙运筹帷幄的指挥下，1676年（康熙十五年）十月，福建耿精忠被迫投降。广东的尚之信也于1677年投降。闽、粤以及江西都先后平复。1678年八月，吴三桂死，其部将迎立其孙吴世璠继位，退居云贵。此后，清军先后收复湖南、广西和四川。1681年，清军攻破昆明，吴世璠自杀。云贵悉平。此次平叛的胜利，消除了地方割据势力，维护了清朝的统一。

1662年，民族英雄郑成功从荷兰殖民者手中收回台湾，不久病

逝，其子郑经继位，继续治理台湾，与大陆上的清王朝分庭抗礼。康熙帝多次招抚不成，便下决心武力解决台湾问题。三藩平定不久，割据台湾的郑氏家族发生内乱。1681年，郑经死后，其部将冯锡范等杀死了郑氏的继承人，改立郑经次子克塽继承延平王位。郑克塽年幼，成为冯锡范的傀儡。康熙在此情况下，为了国家统一决心收复台湾。1681年七月，

台湾施琅雕像

康熙下诏"以施琅为福建水师提督，与将军总督等统舟师进取澎湖、台湾"。1683年，施琅率领战舰三百，精锐水师二万，进攻澎湖。经过七天激战，清军占领了澎湖。不久，郑克塽派人前来乞降，清军进驻台湾。1684年，清政府在台湾设一府（台湾府）三县（台湾、凤山、诸罗），隶福建省，并在台湾设巡道一员，总兵官一员，副将二员，兵八千。在澎湖设副将一员，兵二千。在清朝中央政府的统一管理下，台湾与大陆的关系更加密切。康熙把台湾的归附看成是施琅为清朝"扫数十年不庭之巨寇，扩数千里未辟之遐封。"他在施琅封侯的"制诰"中称赞他"矢心报国，大展壮猷，筹划周详，布置允当，建兹伟伐，宜沛殊恩。"

维护主权　明末清初，沙俄不断侵扰我国黑龙江流域，在中国领土上修筑尼布楚、雅克萨等城堡作为侵略据点，对中国的东北边境构成了严重威胁。为解除这一威胁，康熙帝两次巡视东北，提出了在黑龙江两岸筑城屯田、派兵永驻的战略方针，为抗击沙俄侵略

做准备。康熙帝在力求与沙俄和平解决东北边疆无望后，于 1685 年和 1686 年组织了两次收复雅克萨之战，沉重地打击了沙俄的侵略。在此基础上，1689 年，中俄双方正式签订中俄《尼布楚条约》，从法律上确定了黑龙江流域和乌苏里江流域包括库页岛在内的广大地区都是中国领土。

17 世纪中叶，沙俄殖民主义者开始窥视中国领土。并多次窜犯我国黑龙江流域烧杀抢劫，无恶不作。他们的残暴行径，遭到当地各族人民的英勇抗击。

面对沙俄的疯狂侵略，康熙帝在加强了对中原地区的统治之后，为了保卫边疆不受外来侵犯，决定采取坚决的自卫措施，出兵反击，彻底清除这伙沙俄侵略者。康熙帝奉行的方针是军事斗争、外交谈判和充实边防三者并举。他总结了中国军民 30 多年来和俄国侵略者进行斗争的经验，制订了周密的计划，进行了细致的准备工作。1682 年 4 月，康熙帝到盛京（今沈阳）谒陵后，由抚顺、兴京、哈达城（今西丰），出柳条边，5 月到船厂（今吉林市），航行于松花江上，亲身视察边防情况。9 月，康熙帝派副都统郎谈、一等公彭春率领几百人，以捕鹿为名，到雅克萨附近侦察地理形势和水陆交通。1683 年 1 月，郎谈等回到北京报告，认为要攻取俄罗斯并不难，只要发兵 3000 人就足够了，并建议立即行动。康熙帝没有同意这种单纯从军事上考虑的意见，认为必须作更充分的准备，先在黑龙江（今爱辉）和呼玛尔两地建城驻兵，储存粮食，修造船只，筹划屯田，开辟驿路，以求战而能胜，胜而能守。

康熙帝在对沙俄侵略军多次警告和劝说无效之后，决定出兵剿灭这伙匪帮。1685 年 6 月，康熙帝派遣都统彭春率兵进抵雅克萨。彭春到达雅克萨后，先派人送去康熙帝致沙皇的信和他本人给雅克萨俄军的咨文，要求俄军撤离中国，对侵略者发出最后警告。6 月

23 日，清军统帅部移至雅克萨城下和俄方对话，俄方顽固，且出言不逊。6 月 24 日，清军列阵，包围雅克萨。25 日，有一队俄军从黑龙江顺流而下，企图冲进雅克萨，被清军拦截，在江上展开激战，毙伤俄军 40 多人。接着，清军架起大炮，向雅克萨猛烈轰击，俄军伤亡严重，心胆俱裂，走投无路。在清军的劝降下，俄军头目托尔布金竖起了降旗。清军接受了俄军的投降，并对他们采取宽大态度，准许 700 多名俄国人撤出雅克萨，经额尔古纳河，返回俄国。

从雅克萨退到尼布楚的托尔布金侵略中国的野心不死，随着彼顿率领的 600 名援军到达尼布楚和清军战胜后已全部从雅克萨撤回瑷珲，托尔布金和彼顿立即率军重新占据雅克萨，并全力构筑城堡工事，筹集粮草，妄图负隅顽抗。1686 年 3 月，康熙帝下令将军萨布素等，率所部 2000 余人及福建藤牌兵 400 人，再次进攻雅克萨城。经过两个多月的攻城和围困，俄军损失惨重。9 月底，俄国头目托尔布金被击毙，城中俄军大多战死或病死，800 多俄军最后只剩 66 人，粮食弹药也消耗殆尽，困守雅克萨的俄军只有坐以待毙。

康熙帝为了彻底解决沙俄侵略黑龙江流域的问题，以求得边界上稳定的和平，多次写信给沙皇，谴责俄国对中国的侵略，建议他撤回侵略军，派使议界。1686 年 9 月，清政府又委托从北京回国的荷兰使臣宾显巴志带信给俄国沙皇，建议两国休兵，举行谈判，共同议定边界。

1686 年 11 月，正当雅克萨围城旦夕可下的时候，一批俄国信使，由文组科夫和法沃罗夫率领，从莫斯科来到了北京，递交沙皇要求解除雅克萨的包围和派使臣戈洛文来华议定边界的信件。康熙帝同意了俄国沙皇的请求，下令停止战斗，解除对雅克萨的包围，并实现单方面撤军。11 月底，清军停止进攻。1687 年 5 月，清军撤离雅克萨返回瑷珲，等待俄国使团的到来。进行两年多的雅克萨战争至此结束。这场战争，是中国人民和清政府反击沙俄侵略，驱逐入侵者，收复被侵占领土而进行的一次自卫的正义战争。

1689 年 9 月 7 日，中俄双方经过谈判，正式签订了《中俄尼布楚条约》，这是中国和俄国签订的第一个条约。正式的文本是拉丁文本，由双方代表签字盖章，另有满文本和俄文本，都不是正式文本。条约共六条，实质性部分包括中俄东段边界的划分、越界侵略和逃人的处理、中俄往来贸易的规定等。条约明确规定以格尔必齐河、石大兴安岭（即外兴安岭）和额尔古纳河为两国的分界线。又规定外兴安岭和乌第河之间的地区暂行存放，留待后议。清政府在领土方面做了重大让步，将尼布楚及其以西直至贝加尔湖原属中国的领土让给了俄国，以换取俄军撤出雅克萨。所以条约中又规定了俄国在雅克萨和额尔古纳河南岸的据点全部拆毁、迁移。条约明确地划分了中俄两国的东段边界，从法律上肯定了黑龙江流域和乌苏里江流域的广大地区都是中国的领土。在尼布楚条约签订后的一段时间内，中俄的东段边界稳定了下来，边境相对比较平静，两国人民之间的和平往来和贸易也有所发展。

发展经济　康熙固守农本思想，重视发展农业生产，采取了一系列有利于国计民生的政策：积极鼓励垦荒，废止圈地令，实施更名田；整修黄河、淮河、运河的水利工程，以保证大运河的畅通。尤其是 1712 年康熙帝决定从这一年起，"滋生人丁，永不加赋"，取消新增人口的人头税，并最终演变成"摊丁入亩"制度。康熙帝这些举措，促进了农业经济的发展，耕地面积迅速扩大，粮食产量提高，经济作物的广泛种植，为"康乾盛世"的出现奠定了基础。

更名田又叫"更名地"。明朝时，藩王田庄遍布各地，明末农民战争中，明代诸王宗室大都被杀被逐，丧亡殆尽。清初许多农民继续耕种藩王田庄的土地，也有部分土地因无人耕种而抛荒。康熙八年（1669年）政府下令"将前明废藩田产给予原种之人，改为民产，号为更名地，永为世业"，更名田的实施，对于鼓励农民从事农业生产，开发荒地起了一定的作用。

> 士敦诗礼，民安耕凿，崔符夜息，桁杨昼静，行旅歌于途，商贾嬉于市。即梯山航海，沐日浴月之乡，欣欣蒸蒸，无远弗及。
> ——《清圣祖实录》卷三百，跋

摊丁入亩。 又称"摊丁入地"，是将丁银并入田赋征收。为了保证丁税征收，掌握人口实数，清廷实行地丁合一、摊丁入亩的政策。康熙五十一年（1712），清廷规定以康熙五十年的丁税额数作为定额，以后"滋生人丁，永不加赋"。这一措施为人口的繁衍提供了有利条件；丁银和田赋以田亩为征税对象，简化了税种，是税役制度的一次重大改革；有利于社会的稳定和生产的发展，顺应了社会经济发展的需要，推动了生产力的发展。

但康熙帝严格限制手工工场和对外贸易的发展。康熙二十三年（1684）收复台湾后，虽然放宽了顺治时期海禁，但还是严格限制外贸地点、进出口数量及种类。这种限制使诞生时间并不比欧洲晚多少年的资本主义萌芽总是不能成长起来。

背离时代 康熙帝为维护自己的统治，不仅极力加强专制皇权，而且做了不少背离时代发展要求之事。他曾12次大兴文字狱，抑制手工业发展，又推行闭关锁国政策。

康熙帝一生，兴文字狱达12次之多，其中以《南山集》案影响最大。戴名世对清廷随意篡改明朝历史甚感愤慨，他通过访问明朝遗老和参考文字资料写了一本记录明末历史的《南山集》。康熙五十年（1711年），书印出十年后被人告发，因为书中用南明年号并涉及多尔衮不轨之事，康熙帝十分震怒，下旨将戴名世凌迟处死，戴氏家族凡男子十六岁以上者立斩，女子及十五岁以下男子，发给清朝功臣家作奴仆。同乡方孝标曾提供参考资料《黔贵记事》，也和戴名世同样治罪；戴氏同族人有职衔者，一律革去；给《南山集》作序的汪灏、方苞、王源等处斩刑；给《南山集》捐款刊印出版的方正玉、尤云鹗

等人及其妻、子，发宁古塔充军。由《南山集》受到牵连的有三百多人，后来康熙帝故作慈悲，改戴名世凌迟为斩刑，本来应处斩刑之人如戴家、方家都流放黑龙江，方孝标已死，但仍被发棺戮尸。康熙帝开了大规模迫害异端的先河，使文人只好钻进故纸堆。由于长期禁锢思想，连八旗子弟都日渐失去了当年的生气。

天下大小事务，皆朕一身亲理，无可旁贷。若将要务分任于人，则断不可行。
——《清圣祖实录》卷一百八十四，康熙五十八年四月辛亥

康熙对清初正在发展的工场手工业不是扶持而是严加限制。例如对丝织业机户的织机数量、工匠人数、工资定额，冶铁业场主的采矿地点、炉数、产量、价格、运销地点等等都有严格规定；并课以高额税金。采铜业的产品一度只许以成本价卖给官府，再由官府售卖。还在佣工中另外实行一种保甲制，他们日则做工，夜则关闭在坊，像囚犯一样没有人身自由。国内关卡林立，肆意刻剥商人。官府还勾结行会以各种条规罚款来限制竞争，防止生产规模和经营网点的发展失控。

练习活动

一、选择

1. 康熙帝在处置鳌拜时说："鳌拜愚悖无知，诚合夷族。特念

效力年久，迭立战功，贷其死，籍贯没拘禁。"康熙帝这样做的主要是为了（　　）

    A. 法外施恩奖励功臣

    B. 缓和皇帝与大臣的矛盾

    C. 满足自己的虚荣心

    D. 稳定清朝的政治大局

2. 1683 年康熙作《中秋日闻海上捷音》："万里扶桑早挂弓，水犀军指岛门空。来庭岂为修文德，柔远初非黜武功。牙帐受降秋色外，羽林奏捷月明中。海隅久念苍生困，耕凿从今九壤同。"这里的"海上捷"应是（　　）

    A. 东征日本获得胜利

    B. 取得反击沙俄入侵的胜利

    C. 施琅统一台湾成功

    D. 打败了西方殖民者的海上进攻

二、阅读思考

1. 从康熙帝开始，清朝初步形成了剿抚并用、以德服人的统一方针，即"乱则声讨，治则抚绥"（《清圣祖实录》卷180，康熙三十六年二月壬寅），"仰凭天道，俯惬人情，以万不得已而用兵"（《御制亲征平定朔漠方略序》）。这一方针在实践中收到了良好的效果，大大加强了边疆少数民族对中央政府的向心力，特别是上层贵族和清廷建立了比较和谐、融洽的关系。康熙帝说："帝王治天下自有本原，不专恃险阻"，"昔秦兴土石之工，修筑长城。我朝施恩于喀尔喀，使之防备朔方，较长城更为坚固"，"守国之道唯在修德安民，民心悦则邦本得，而边境自固，所谓众志成城者是也"（《清圣祖实录》卷151，康熙三十年五月丙午）。

明朝修了十多次长城，而清朝不修长城，结合康熙帝的这两段话，请想一想，清朝为何不修长城？

2. 后人对康熙帝的评价有两种不同的评价观点：一种观点是称颂康熙一位杰出的封建帝王。另一种观点是对康熙的重新评价——延误了历史的进程。你赞同那种观点？请结合所学知识说明理由。

第8课　孙中山

孙中山是中国民主革命的先行者，中华民国的创立者。他将自己的一生献给了中国民主革命事业，用"鞠躬尽瘁，死而后已"来形容孙中山绝不为过。那么，孙中山是怎样走上民主革命道路的？他对中国民主革命有哪些重大贡献？他领导的中国民主革命为什么没有取得最终的胜利？我们应怎样看待孙中山在中国民主革命事业上的成败得失或是非功过？

弃医从政　孙中山，名文，号逸仙，1866年出生于广东香山县翠亨村。孙中山早年就读于香港西医书院，毕业后在澳门、广州行医。祖国的衰败，使他放弃医生职业，立志救国救民。孙中山最初未言革命，曾在1894年《上李鸿章万言书》中，提出多项改革建议，因遭到李鸿章拒绝才走上革命道路。

孙中山1866年11月12日出生于中国广东香山县（今中山市）翠亨村。1878年，孙中山受长兄的接济赴夏威夷学习。后在当地英国圣公会开办的用英语授课的小学修读英语，英

青年时代的孙中山

国历史、数学、化学、物理、圣经等科目。1881 年，孙中山以英文文法第二名成绩毕业，进入中学继续学习。1883 年年中被兄长送回家乡，后世一部分人认为这是由于孙中山有信奉基督教的意向。1892 年 7 月以第一名的成绩毕业于香港西医书院（香港大学的前身），并获当时之香港总督罗便臣亲自颁奖，为日后以香港作为革命大后方奠定了一定的基础。之后他在澳门、广州等地行医。

孙氏曾自称为洪秀全第二，并认为洪氏为"反清英雄第一人"。1894 年，他在天津上书李鸿章，提出"人能尽其才，地能尽其利，物能尽其用，货能畅其流"等革新政治主张，但遭到李鸿章拒绝。这件事使他认识到"和平方法，无可复施"。为复兴祖国，他毅然走上了反清革命道路。

反清革命 1894 年，孙中山在檀香山创建了中国第一个资产阶级革命团体兴中会，明确提出"驱除鞑虏，恢复中国，创立合众政府"革命主张，决心推翻清朝政府，建立资产阶级共和国。为此还领导发动过广州起义、惠州三洲田起义，但没有成功。1905 年，孙中山同黄兴、宋教仁等兴中会、华兴会、光复会成员在日本东京成立了统一的资产阶级革命政党中国同盟会，以孙中山提出的"驱除鞑虏，恢复中华，创立民国，平均地权"为政治纲领。不久，他把十六字纲领归结为民族、民权、民生三大主义，成为孙中山领导资产阶级民主革命的指导思想。为实现同盟会纲领，孙中山领导和发动了萍浏醴、广州黄花岗等一系列武装起义，但都先后失败。

1894 年 11 月 24 日，孙中山赴檀香山茂宜岛募款组织兴中会，提出了"驱逐鞑虏，恢复中国，创立合众政府"的口号，企图以排满思想为其革命事业铺路。1895 年 2 月 12 日，孙中山在香港中环士丹顿街 13 号正式成立了"香港兴中会总会"。3 月 16 日（二月二十日）首次干部会议决定先攻取广州为根据地，并采用陆皓东所设计

> 今者中国以千百年专制之毒而不解，异族残之，外邦逼之，民族主义、民权主义，殆不可以须臾缓。民生主义欧、美所虑积重难返者，中国独受病未深而去易……吾国治民生主义者，发现最先，睹其祸患于未萌，诚可举政治革命、社会革命，毕其功于一役，还视欧美，彼且瞠乎后也。
>
> ——孙中山《民报发刊辞》

> 我们革命目的，是为中国谋幸福，因不愿少数满洲人专制，故要民族革命；不愿君主一人专制，故要政治革命；不愿少数富人专制，故要社会革命。
>
> ——孙中山《三民主义与中国前途》

之青天白日旗为起义军旗，即分工展开各种活动，孙中山主持前方发难任务。孙中山进入广州，创农学会为机关，并广征同志，定重阳节（10 月 26 日）为起义之日。可是因为事先泄密，这次起义失败作收，以陆皓东为首的多数成员被捕处刑，孙中山则被清廷通缉，遭香港当局驱逐出境，流亡海外。同年秋天，孙中山转往英国伦敦，在当地被清廷特务缉捕入中国使馆，成为国际事件。经友人救助才得以脱险。事件

> 有人认为，孙中山领导的资产阶级民主革命具有大汉族主义色彩。试结合孙中山提出的革命纲领和他的相关言行，你认为这一观点正确吗？

后来被称为"伦敦蒙难记"，孙并被邀出书描述其遭遇，亦因此事而名声大噪。

　　1906 年同盟会总部派刘道一、蔡绍南回湖南发动会党和新军起义，并确定在萍、浏、醴三地同时发动起义，然后分兵进取长沙、南昌的计划。但由于起义军庞杂，领导不力，奋战月余后终被清军各个击破，惨遭失败。刘道一、蔡绍南等首领数十人牺牲。然而这

次起义的影响是重大的，它打击了清朝的反动统治，扩大了同盟会的政治影响，增强了革命党人武装反清的信心。

是役也，集各省革命党之精英，与彼虏为最后之一搏。事虽不成，而黄花岗七十二烈士轰轰烈烈之概已震动全球，而国内革命之时势实以之造成矣。

——孙中山《建国方略》

黄花岗七十二烈士墓

黄花岗起义，又称"广州三·二九起义"。同盟会领导的影响最大的一次武装起义。1910年（宣统二年）11月13日，孙中山在槟榔屿（今属马来西亚）召开同盟会骨干黄兴、赵声、胡汉民及南洋和国内东南各省的代表会议，决定在广州再次起义，然后大举北伐。会后在香港成立领导机构统筹部，在广州设立秘密据点三十八处，并选拔八百人组成"选锋"（敢死队），次年4月8日，各项准备接近就绪，统筹部在黄兴主持下召开会议，决定26日起义，分十路进攻广州，赵声、黄行为革命军正副司令。23日（一说25日）黄兴由香港潜入广州，在两广总督衙门附近的小营街五号建立起义指挥部。因消息走漏，清两广总督张鸣岐严加戒备，黄兴被迫推迟起义日期，令各部即速解散。4月27日（农历三月二十九日），在起义人数锐减的情况下，黄兴临时将原定十路进兵计划改为四路，亲率敢死队一百二十余人，臂缠白巾，手持枪械炸弹，猛攻督署，击毙卫队，擒杀管带，张鸣岐穴墙逃走，起义军焚烧督署后退出，至东辕门外与李准卫队相遇接战，互有伤亡，随后分兵攻袭督练公所等处，又与大队清军展开激烈巷战。终因孤军作战（其他三路因故未动）。伤亡甚重，奋战一昼夜被清军击败。黄兴、朱执信等负伤后化妆逃脱，喻云纪、方声洞、林觉民、黄鹤鸣等八十六人（一说一百余人）死难。后由善堂收敛烈士遗骸七十二具，同盟会员潘达微以自己房屋作押，购得墓地，葬于红花岗（后改名黄花岗），史称"黄花岗七十二烈士"。

创建民国　1911 年 10 月 10 日的武昌起义成功，清朝土崩瓦解。孙中山从海外回国，被推举为中华民国临时大总统。1912 年 1 月 1 日，孙中山在南京宣誓就职，宣告中华民国成立。4 月 1 日，孙中山迫于内外压力宣布辞职，将临时大总统职务让给袁世凯。从此，共和制度名存实亡。

受清朝政府全力追缉的影响，自 1907 年起孙中山便长期居留欧美各国。武昌起义时，孙中山在美国丹佛而不在中国。初闻革命成功时，孙中山还有些讶异，但随即在海外华人与美国的同情者间筹集资金。12 月 20 日孙中山赶赴上海，并于 28 日被推选为中华民国临时大总统，于 1912 年 1 月 1 日（辛亥十一月十三日）在南

★孙中山，原名孙文（1866—1925）。中国近代民主革命的伟大先行者，革命家、政治家、理论家。1940 年，国民政府通令全国，尊称其为"中华民国国父"。

京宣誓就任。南京临时政府，是按照西方资产阶级共和国方案改造

中国的尝试，标志着民主共和国的诞生。孙中山宣布其建国方针是扫除专制，确立共和，建设民主、富强的国家，对内实现民族统一、领土统一、军政统一、内政统一、财政统一，对外则要清除清朝廷的辱国举措与排外心理，与友邦和睦相处。临时政府成立后，颁布了一系列新的政策法令和革新措施，主要包括：革除社会陋习，如剪去发辫，劝禁缠足，禁止种植罂粟和吸食鸦片，禁止赌博，禁止蓄娼，禁止迎神赛会等。树立民主新风。如官员、官民之间均为平等关系，废除清朝官场称呼"大人""老爷"的恶习，废除跪拜之礼，改行鞠躬礼。廉洁奉公，无论官阶大小，都穿同样的制服，享受同等的低薪供给制。保障人权平等。允许女子参政，禁止买卖奴婢，禁绝贩卖华工，禁止刑讯、体罚

> 有人依据辛亥革命和其后成立的南京临时政府的各项举措认为，孙中山领导的辛亥革命是20世纪中国第一次历史性巨变。你认为这一观点是否正确？

等。保护实业发展。保护私人财产和工商业者的经营活动。颁布一系列保护工商业发展的章程、则例，提倡垦殖事业。实行教育改革。提倡男女同校、奖励女学，将各种旧式学堂改为学校，禁止使用清廷学部颁行的各种教科书，增设自然科学、工商业和工艺方面的课程。仿行西方的近代学制和课程设置在中国逐步确立。南京临时政府还以法律的形式，确立了共和国的国体和政权，宣告民主共和的正义性和合法性。临时政府先后公布了许多重要法案，其中最重要的是具有国家宪法效力的《中华民国临时约法》。开创了中国资产阶级民主政治的新局面，在中国近代法制史上具有划时代的意义。

当时孙中山领导的临时政府实力有限；虽然大部分的省份已脱离清政府的控制，可主要的军事凭借却是各地的团练与新军，或是混入部分华侨以及洪门与旗下哥老会的成员，无论在装备与士兵素质上，皆无法与清朝主力北洋军抗衡。此外，由于孙中山并未实际

投入革命战事，故各省的革命势力纷纷推出自己的领导，使革命势力呈现多头马车的情形。革命军被北洋军接连击败后，孙中山决定与北洋军的统帅袁世凯和谈，希望通过给予袁临时大总统的职位，让袁世凯成为垮台清朝的最后关键。最后孙中山与袁世凯达成协议：孙中山的临时大总统由袁世凯接任，袁世凯则以实际行动迫使清朝皇帝退位。同年2月12日，清朝皇帝接受袁世凯的条件，下旨逊位，中华民国最最终完全取代过去的帝国体制。隔日2月13日孙中山辞去临时大总统，向临时参议院推荐袁世凯接任。

1915年孙中山与宋庆龄在日本结婚的合影。宋庆龄与孙中山的婚姻曾遭到父亲的反对，他跑到日本与孙中山结婚。从此成为孙中山革命的得力助手。孙中山过世后，她继承其遗志组织奋斗。1949年，宋庆龄担任中华人民共和国中央人民政府副主席。1981年，全国人民代表大会常务委员会授于宋庆龄中华人民共和国名誉主席的称号。

捍卫共和　孙中山辞去临时大总统后，为实现其民生主义，曾一度离开政治，致力于发展实业。不久，孙中山从袁世凯搞政治独裁的残酷现实中清醒过来。为捍卫共和，孙中山先后组织发动了二次革命、护国运动、反对张勋拥立溥仪复辟和两次护法运动。孙中山这些努力虽屡遭失败，但他愈挫愈勇，坚持不断寻求救国之路。

1912年8月，经宋教仁从中斡旋，同盟会与统一共和党、国民共进会、国民公党合并，改组为国民党。25日，孙中山在北京举行的国民党成立大会中被选为理事长，但孙中山以"决不愿居政界，唯愿作自由国民。"即委宋教仁为代理理事长。孙中山曾信心十足地表示要专心致志"办理实业"，迎接"产业勃兴"的到来，上海期间，他完成了一部宏伟的《实业计划》。《实业计划》是用英文写成的，原名"*The International Development of China*"，发表于1919年6月号《远东时报》，后编为《建国方略之二：物质建设》。这部洋洋十万余言的著作，集中体现了他对中国工农业、交通等实现现代化的宏大设想，无疑是一份全面发展中国经济的宏伟纲领。但一系列复杂的政治斗争中断了孙中山发展实业的梦想。

1913年3月，宋教仁被暗杀，袁世凯嫌疑为元凶。孙中山力主南方各省起兵反袁，称为二次革命。由于实力不足和国民党涣散，二次革命旋即失败。孙中山被通缉，不得不再次赴日本寻求援助。1914年，孙中山在日本建立中华革命党，并两次发表讨袁宣言，从而推动了国内反对袁世凯复辟帝制的护国运动的开展。1915年10月25日孙中山与宋庆龄在日本结婚。

袁世凯称帝失败后，孙中山重回中国。1917年，段祺瑞在张勋复辟后"再造共和"，废止了1913年选出的国会。身在上海的孙中山展开护法运动，号召国会议员一起到广州，召开国会非常会议，组织护法政府并就职为大元帅，誓师北伐。但广州护法政府逐渐由桂、滇系军人控制。1918年桂、滇各系控制国会改组护法政府，以七总裁取代大元帅，孙中山被架空，被迫去职。1919年10月，改中华革命党为中国国民党。1920年，陈炯明成功击退盘踞广州一带的桂、滇系，请孙中山重回广州。次年，广州非常国会取消军政府，选孙中山为大总统（习惯上称为非常大总统），开始第二次护法运动。孙中山就职后力主军事北伐，最终与主张暂缓军事，联省自治的陈炯明产生激烈冲突。1922 年 6 月爆发炮击总统府事件，孙中山离粤退居上海。

合作革命 孙中山在捍卫共和斗争中屡遭失败后，接受苏俄和中国共产党的真诚帮助，决定同中国共产党合作。1924 年 1 月，中国国民党第一次全国代表大会在广州召开，孙中山接受了中国共产党反帝反封建的政治主张，确定了联俄、联共和扶助农工的"三大政策"，重新解释了三民主义，把旧三民主义发展成为新三民主义，奠定了国共合作的政治基础，从而推动了国民大革命的开展。不久，孙中山与中国共产党合作创办了黄埔军校；又应冯玉祥北上主持大计、共商国是之邀，发表《北上宣言》，重申国民党反帝反军阀的立场，强调三民主义是解决国家问题的基础。年底，孙中山抱病到达北京，受到数万群众的欢迎。1925 年 3 月 12 日，孙中山因病在北京逝世。临终嘱咐国民党务必继续完成民主革命任务。

辛亥革命后，孙中山坚持民主主义的立场，在反对封建军阀的道路上苦斗着。但无论是反对袁世凯的二次革命，还是反对段祺瑞的护法运动，都遭到失败，这使孙中山处于极度苦闷之中。他对"革命主义未行，革命目的未达，仅有民国之名，而无民国之实"的状况痛心疾首。要想打倒军阀，建立民主政治，究竟应该走什么样的道路，依靠什么样的人，孙中山在继续艰难地探索着。俄国十月革命的影响，五四运动的爆发，马克思主义在中国的传播，中国工人阶级登上政治舞台和中国共产党的诞生，使孙中山受到了新思想的深刻影响和启迪，看到了新的力量和希望，决心联合共产党，对国民党进行改组，改变脱离群众、依靠军阀进行革命的倾向，走新的革命道路。此时，共产国际和刚刚诞生的中国共产党向苦斗中的孙中山伸出援助之手。1923 年 6 月，中国共产党第三次全国代表大会，确立了以国共合作为基础建立革命统一战线的基本方针，加快了两党合作的步伐。

1924 年 1 月，孙中山在广州召开中国国民党第一次代表大会。图为孙中山与代表们步入会场。

在孙中山、廖仲恺等国民党人和李大钊、陈独秀等共产党人的共同努力下，在共产国际的帮助下，1924 年 1 月 20 日至 30 日，孙中山在广州主持召开了国民党第一次全国代表大会，来自全国各地和海外的 165 名代表出席大会，其中有共产党员 20 多名，李大钊被指定为大会主席团成员之一。大会经过认真讨论与激烈争论，通过了《中国国民党第一次全国代表大会宣言》等重要议案。这次大会，在政治上重新解释了三民主义，接受了中国共产党反帝反封建的民主革命纲领，制定了联俄、联共、扶助农工的三大政策，成为国共两党和各革命阶级联合的基础；在组织上，承认共产党员和青年团员以个人身份加入国民党，使国民党成为一个工人、农民、小资产阶级和民族资产阶级结成的统一战线的组织形式。大会选举了国民党中央执行委员会，共产党员李大钊、谭平山、于树德、毛泽东、林伯渠、瞿秋白、张国焘、于方舟、韩麟符、沈定一当选为中央执行委员或中央候补执行委员，约占委员总数的四分之一，并有多名共产党员在国民党中央领导机构中担任重要职务。国民党一大的召开，标志着国民党改组的完成和第一次国共合作的正式建立。这是年轻的中国共产党开始实践民主革命纲领和统一战线政策的重大胜利，也是孙中山先生推动中国革命的历史功绩，标志着他一生最为重要的转变。国共合作的建立，使中国共产党能够公开宣传和组织群众，领导和推动工农运动的蓬勃发展，为新的革命高潮的到来奠定了基础。

> 「余致力国民革命，凡四十年，其目的在求中国之自由平等。积四十年之经验，深知欲达到此目的，必须唤起民众，及联合世界上以平等待我之民族，共同奋斗。现在革命尚未成功。凡我同志，务须依照余所著《建国方略》《建国大纲》《三民主义》及《第一次全国代表大会宣言》，继续努力，以求贯彻。最近主张召开国民会议及废除不平等条约，尤须于最短期间，促其实现。是所至嘱！」

1924 年 10 月，具有进步思想的将领冯玉祥发动"北京政变"，推翻吴佩孚控制的北京政府，联合奉系军阀张作霖，推段祺瑞为临时执政，同时电请孙中山北上共商国是。此时的孙中山已是重病缠身，为了国家的前途他毅然北上，并提出"召开国民会议和废除不平等条约"两大号召，同帝国主义和北洋军阀作斗争。孙中山先生 11 月离开广州，绕道日本，开始北上之行。12 月 4 日到达天津，受到两万群众欢迎。由于一路颠簸和北地严寒，孙中山旧病复发，边接受治疗，边接见京津要人，准备 22 日入京。18 日，孙中山得悉"临时执政府行文各国使署，有尊重历来条约之意"，大失所望，遂病情加剧。段祺瑞又来电相催，说："时局未定，庶政待商，务祈速驾，以慰众望"；孙中山复电："准于十二月三十一日入京。"孙中山 12 月 31 日抵京，受到两万多群众欢迎，随后入住北京饭店。

中山陵是中国近代伟大的政治家、民主革命先行者孙中山的陵墓，它坐落在江苏省南京市东郊钟山东峰小茅山的南麓，西邻明孝陵，东毗灵谷寺，傍山而筑，由南往北沿中轴线逐渐升高，整个建筑群依山势而层层上升，气势宏伟。

孙中山 1925 年 1 月抵京后即开始病发，1925 年 1 月 26 日，先生被确诊为肝癌，在协和医院接受手术。2 月 18 日，先生移至行馆接受中医治疗；3 月 11 日，先生自知不起，由夫人扶腕，在《孙中山国事遗嘱》《孙中山致苏联遗书》上签字。最终于 1925 年 3 月 12 日因肝癌病逝于北京协和医院。孙中山先生逝世后，在北京签名吊唁者 74 万多人，参加送殡者 30 余万人，中国共产党创始人之一李大钊是治丧处成员并敬献长挽联。1925 年 4 月 2 日，孙中山安厝于北京西山碧云寺内石塔中。北伐成功后，于 1929 年 6 月 1 日永久迁葬于南京紫金山中山陵。

练习活动

一、选择

1. 1912 年 8 月，经宋教仁从中斡旋，同盟会与统一共和党、国民共进会、国民公党合并，改组为国民党。25 日，孙中山在北京举行的国民党成立大会中被选为理事长，但孙中山以"决不愿居政界，唯愿作自由国民。"这表明孙中山（   ）

A. 功成名就，急流勇退

B. 不愿与时俱进继续革命

C. 为集中精力实现民生主义

D. 屈服于袁世凯的压力

2.《中国国民党第一次全国代表大会宣言》明确宣称："国民党之民族主义，有两方面之意义：一则中国民族自求解放；二则中国境内各民族一律平等。"它不能说明的是（   ）

A. 确定了联俄、联共、扶助农工的"三大政策"

B. 已经接受了中国共产党反帝反封建的政治主张

C. 重新解释了原三民主义中的民族主义思想内涵

D. 孙中山在民主革命过程中与时俱进的重要表现

二、阅读思考

材料一：一、凡革命以前所有满政府与各国缔结之条约民国均认为有效，至于条约期满为止。其缔结于革命起事以后则否。二、革命以前，满政府所借之外债及所承认之赔款，民国政府亦承认偿还之责不变更其条件……三、凡革命前满政府所让与各国国家，或各国个人种种之权利，民国政府亦照旧尊重之……

——1912 年 1 月《临时大总统宣告各友邦书》

材料二　若夫革命主义，方吾侪所倡言，恨国所同喻，前次虽屡起屡蹶，外人无不鉴其用心。八月以来，义旗飘发，诸友邦之抱平和之望，持中立之态，而报纸及舆论，尤每表其同情。

——1912 年 1 月《临时大总统宣告各友邦书》

材料三：列强只与北京打交道，则在废除条约体系方面却几乎无所作为。孙中山于 1923 年提出允许他的广州政府使用当地海关盈余款项的要求被断然拒绝，列强在广州集结海军舰只以防孙夺取海关。

——《中国：传统与变革》

材料四：反革命之恶势力所以存在，实由帝国主义卵翼之使然……要求从（重）新审订一切不平等条约，即取消此条约中所定的一切特权……国民经济及一切生产力方得充分发展。

——《孙中山选集》

（1）材料一、材料二中孙中山对帝国主义的认识或主张是什么？反映的共同点是什么？没有看到什么实质问题？

（2）从材料三看，孙中山希望帝国主义支持中国革命的目的是否达到？为什么？

（3）根据材料四，指出孙中山后来对帝国主义和不平等条约有何新认识？对不平等条约的态度有何变化？